⑦ 2024년 영해군 제향 모습. 왼쪽은 이주화 영해군파종회장
⑧ 세종 왕자 영해군 제향을 모신 후손들
⑨ 2024년 제향을 마친 후 묘역 아래 야외에서 진행한 종중 회의

⑩ ⑪ ⑫ 세종왕자 영해군 사당 소덕사
-영해군 사당인 소덕사는 전북 남원시 사매면 대신리에 있다.

도봉산에 깃든
세종왕자 영해군 500년 이야기

- 영해군, 궁궐 연회 참석 종친의 기준이 되다 -

**도봉산에 깃든
세종왕자 영해군 500년 이야기**
- 영해군, 궁궐 연회 참석 종친의 기준이 되다 -

초판인쇄　2024년 09월 30일
초판발행　2024년 10월 10일

지 은 이　이 상 주
발 행 인　유 재 경
펴 낸 곳　도서출판 예다인
　　　　　04552 서울시 중구 충무로7길 21(을지로3가)
　　　　　전화: 02-2266-5005
　　　　　E-mail: w8585@hanmail.net
I S B N　979-11-989430-1-9
정　　가　30,000원

- 이 책의 저작권은 책 저자에게 있으므로 무단 전재 및 복제를 금합니다.
- 이 책을 무단 전재 또는 복제하면 「저작권법」 제136조에 의거 처벌을 받습니다.
- 파본은 구입하신 서점에서 교환하여 드립니다.

도봉산에 깃든
세종왕자 영해군 500년 이야기

- 영해군, 궁궐 연회 참석 종친의 기준이 되다 -

이 상 주 지음

세종대왕신문

[일러두기]

1. 본관과 성씨는 시각적 효과를 고려하여 붙여 썼다.
2. 맞춤법과 띄어쓰기는 한글 맞춤법과 표준어 규칙을 따랐다.
   다만 괄호 안의 마침표는 생략했다.

글을 시작하며

산삼을 캘 가능성과 왕자의 흔적

조선의 왕 자녀는 약 300명이다. 왕실 족보에 오른 왕자, 공주, 옹주는 273명이다. 많은 왕 자녀 중에 생애가 단행본으로 출간된 예는 극히 드물다. 흔히 왕자에 관한 사료는 넉넉할 것으로 생각한다. 하지만 현실은 전혀 다르다. 역사의 한복판에 섰던 양녕대군, 효령대군, 월산대군 등 몇 왕자를 제외하면 현존 자료는 극히 적다. 왕자 생애를 추적한 단행본이 눈에 띄지 않는 이유다.

세종 왕자 영해군도 상황은 비슷하다. 자료가 거의 없고, 그나마도 지극히 단편적인 내용이다.

영해군은 조선왕조실록에 79회 등장한다. 70여 건은 조정 연회 참석자 중의 한 명으로 이름만 올라있다. 다른 기사도

출생, 봉작封爵, 녹봉祿俸, 가자加資 등 한 줄 내용이다. 졸기卒紀도 부의賻儀, 가족관계, 시호만 소개돼 있다. 왕실 족보에도 이름만 한 줄 기록돼 있다.

왕자의 자취는 나라의 공식 기록에는 거의 없다. 이에 왕자의 형제들과 당대 인물들의 기록을 샅샅이 훑었다. 학자들의 문집도 찬찬히 열람했다. 힌트가 될 단 한 글자라도 찾기 위해 다수 문헌에 대해 눈을 동그랗게 떴다. 이는 마치 해변의 모래밭에서 사금을 찾는 무모함과 같았다. 아마추어 등산객이 산삼을 캐는 요행 심정도 있었다.

그 기간이 꼬박 2년이었다. 그러나 실제로는 30년이 넘었다. 영해군의 동복형 밀성군, 어머니 신빈김씨, 부왕 세종대왕의 숨은 자료를 찾기 위해 발로 뛴 그 세월과 겹친다.

간절한 바람이 통한 것일까. 왕자의 자료를 일부 확인했다. 또 왕자 주변 자료를 발굴했다. 마침내 한 권의 책이 되었다. 사료가 충분하지는 않았으나 주변 자료를 찾아 씨줄과 날줄로 엮어 왕자의 삶을 재구성할 수 있었다.

문중 책은 용도가 크게 보관용과 대중용 두 가지로 나뉜다. 이 책은 읽기 쉬운 대중용이다. 손쉽게 책장을 넘기며 '아하~'하고 고개를 끄덕이게 하는 책을 추구했다. 또 영해군과 후손 시각에서 역사를 썼다.

'도봉산에 깃든 세종왕자 영해군 500년 이야기'는 모두 8장으로 왕자의 생애와 가족, 왕자 종친회를 다뤘다. 1장은 왕자의 탄생, 2장은 왕자의 삶, 3장은 왕자의 서거, 4장은 부왕 세종대왕, 5장은 어머니 신빈김씨, 6장은 세종의 18왕자, 7장은 자랑스러운 세종의 손자, 8장은 세종왕자 영해군파다.

책은 영해군의 생애와 조선시대 왕사의 삶을 이해하는 데 도움이 될 수 있다. 그러나 넉넉함과는 거리가 있다. 500년 이상 잠자거나 사라진 자료를 한 사람이 30년 남짓한 기간에 찾는 것은 지극히 한정될 수밖에 없다. 영해군 사료는 어디엔가 여전히 잠들어 있을 수 있다.

그렇기에 이 책은 영해군의 삶을 복원하는 시작점에 더 큰 의미를 둘 수 있다. 이를 계기로 많은 사람이 관심을 가

지면 훗날에는 영해군의 삶이 더욱 충실하고, 풍성하게 안내될 수 있을 것이다.

거대한 역사도, 집에 있던 금송아지도 잊히면 없는 것과 같다. 조선의 많은 왕자의 흔적은 날이 갈수록 사라진다. 상당수 후손은 눈에 보이지 않는다고, 없을 것이라고 지레짐작하고 찾을 생각도 하지 않는다.

'도봉산에 깃든 세종왕자 영해군 500년 이야기' 저술 작업도 상식의 눈에서는 무모한 도전이었다. 하지만 무에서 유를 창조한 작은 결실을 이뤘다. 그 결정적 원동력은 이주화 영해군파종회장의 포기하지 않는 열정이었다. 가을의 한 송이 국화는 봄의 소쩍새, 여름의 천둥 화음 속에 아름답게 피어났다. 그 노력을 한 이주화회장과 영해군파종회원들에게 감사드린다.

2024년 10월

상도동 서재에서 여천 이 상 주 쓰다

발간사

황무지에서 일군 또 하나의 역사책

"영해군은 평소 학문에 정진하고 우애와 화목을 중시하였다. 1477년 향년 43세로 별세하여 무수골에 예장 되었다. 뒷날 가문의 충의로운 일로 1508년(중종 3)에 정려문(홍살문)이 세워지고 신동국여지승람에 실렸다. 다사다난한 세월에 홍살문은 유실되었다. 오늘날 크나큰 은혜를 입은 불초한 후손들의 성성으로 정려문을 복원하게 되었다."

2021년 10월에 세운 영해군 묘역 정려문 건립 기념 문구다. 세종의 제17왕자 영해군 후손들은 마음과 마음을 모아 정려문을 복원했다. 이때 참배도는 여주의 세종대왕 영릉 신로에 있던 박석薄石을 활용했다. 영해군과 후손들이 잠든 서울시 도봉구 도봉동 무소골 일원은 서울시 유형문화재 제106호다. 빼어난 자연경관과 함께 묘역 전체가 석물과 함께 원형이 잘 보존돼 있다.

그러나 홍살문이 유실돼 아쉬움이 컸다. 이에 후손들이 한마음으로 뜻을 모은 것이다. 종중 재산이 거의 없는 영해군파종회는 각종 일을 종원들의 성의를 모아 하곤 했다. 그 결과 파종회의 체계가 잘 갖춰지고 알차게 운영할 수 있었다.

그런데 여전히 가슴이 허전했다. 선조 영해군을 뒤돌아볼 체계적 자료가 없는 게 늘 송구스러웠다. 왕자의 기록은 극히 단편적이고 미약하다. 단행본을 낼 자료를 모을 수 없었다. 쉽게 찾을 문헌과 자료라면 누구나 책을 쓸 수 있다. 그러나 공식 기록에서 찾을 수 있는 왕자의 활동은 거의 없었다.

안타까운 한숨으로 세월을 원망하는 가운데 왕실 행사에서 자주 접하는 이상주 작가를 떠올렸다. 조선의 역대 왕과 왕실 관련 강의와 저술을 왕성하게 하고 있는 그는 왕실 역사의 '미다스의 손 Midas touch'이다.

그는 무엇보다 시간에 묻힌 사실을 발굴하고, 색다르고 긍정적 해석으로 역사의 지평을 넓혀 왔다. 헌릉의 혼유석과 태종우 스토리, 세종의 왕위 등극 비하인드 스토리 등 입체적 역사 분석으로 무에서 유를 창조하곤 했다.

이 무렵에 그는 한 작품을 완성한 터였다. 학자와 작가가 수년 동안 시도하다 이루지 못한 한 성씨의 문중사를 1년 만에 실감 나게 책으로 복원했다. 그 후손들에게 엄청난 자긍심을 심어주었다.

세종대왕신문을 발행하는 이상주 작가에게 고민을 말했다. 그는 "모래밭에서 사금을 캐는 격이지만 티끌이라도 찾을 수 있지 않겠는가"라며 연구를 시작했다.

약 2년 동안의 각고의 노력은 한 권의 책으로 피어났다. 이 책은 지난날의 삶의 모습을 씨줄과 날줄로 엮고 퍼즐을 풀어 완성한 저작물이다. 이는 영해군을 포함한 수많은 조선 왕자의 삶과 왕실사에 대한 그의 폭넓은 지식이 밑바탕 된 결과다.

한 권의 책을 완성하기 위해 수많은 날을 고민한 이상주 작가의 노력에 경의를 표한다. 또 출간을 계기로 후손들과 뜻있는 분들이 어디선가 잠자고 있는 영해군과 후손의 자료를 세상에 내놓아 역사가 더욱 풍성해지기를 기대한다.

2024년 10월

영해군파종회장 이 주 화

축사

왕자의 음덕과 후손의 예의

음덕陰德은 조상의 덕이다. 사람은 대대로 이어온 선조의 혼魂과 육肉의 결정체다. 조상의 덕을 입은 후손은 감사의 마음을 갖는 게 당연하다. 조상의 좋은 점을 받들고 실천해야 한다. 조상을 경배하는 숭조崇祖와 일가끼리 화목하는 돈종惇宗은 인간의 도리다.

세종의 17남인 왕자 영해군은 어렸을 때부터 덕의와 절의가 있고, 너그러웠다. 또 화려함을 배척하고, 현실 정치와도 거리를 두었다. 대신 예의를 숭상하고, 한 여인과 지고지순한 사랑을 하며 조용한 삶을 살았다. 문화에 관심을 두되 절제의 미학을 실천했다. 다툼을 멀리하는 행동과 근신한 삶으로 왕실의 조용한 모범이 되었다.

특히 넉넉하고 큰 도량의 성품은 후손들에게도 관인대도寬仁大度와 검소질박의 삶으로 유전되었다. 장남 영춘군의 지극한 효행, 손자 강녕군과 시산군의 불의에 손을 내저은 의연한 행동, 남원의 3·1 만세운동을 주도한 11명 후손 등의 삶은 왕자 집안에 켜켜이 쌓인 곧은 정신이 배경이다.

벽계수의 황진이와의 아름다운 이야기, 여지승람을 수찬한 이도, 아버지를 위해 손가락을 베어 수혈한 이언강, 초등학교 교과서에 의좋은 형제로 소개된 이교황과 이교상 형제, 우리말로 된 최초의 백과사전 규합총서를 저술한 여성 실학자 빙허각 이씨 등은 왕자 후손들의 효와 문화 DNA의 상징이다.

여인들은 규중에서 왕자가家의 문화를 자녀들에게 전수했다. 열행烈行으로 나라에서 정려旌閭된 여인도 3명이다.

또 명석한 두뇌와 진지한 삶의 자세를 물려받은 후손에서는 정3품 이상 당상관이 50명이나 배출됐다. 이정린부터 이창유까지 4대가 연속 과거시험에 급제도 했다. 장원을 한 이창수는 육조판서를 24회 순환 역임하는 진기록도 세웠다.

이 같은 전통은 현대에도 계속되고 있다. 학계, 재계, 공직 등에서 내세우지 않고 묵묵히 맡은 바 역할을 다하는 후손이 많다.

모범적인 삶을 살고, 그 후손도 사회에 지대한 역할을 해오고 있는 왕자 영해군의 생애가 한 권의 책으로 복원됐다. 의미 있는 책은 영해군파종회를 뛰어넘어 다른 왕자파종회에도 긍정적인 바람을 불어넣을 것으로 기대된다. 소중한 책을 출간한 영해군 후손들에게 축하와 함께 감사의 말씀을 드린다.

2024년 10월

사단법인 전주이씨대동종약원 이사장 이 귀 남

축사

세종의 효도관 실천한 영해군 후손들

"나는 누구인가. 무엇을 위해 어디로 향하고 있는가."

곧잘 이런 생각을 한다. 알 수 없는 게 인생이고, 정답을 모르는 게 삶이다. 의지로 할 수 있는 게 있고, 굳은 심지로도 이루지 못하는 게 있다. 지난날 소중했던 게 오늘날 퇴색되는 게 있고, 과거 주목받지 않던 게 현재에 각광 받는 게 있고, 미래에 더욱 빛을 발할 것도 있다. 변하는 세상, 바뀌는 가치관에도 영원불멸인 게 '효孝'다.

만고의 진리인 효를 지구상에서 가장 중요시한 나라가 조선朝鮮이다. 태양이 솟는 아침의 나라를 뜻하는 조선의 왕은 효로서 인륜을 북돋워 인仁을 실천했다. 그 웅대한 그림을 더욱 선명하게 그린 임금이 세종대왕이다.

인간은 조상의 형질을 물려받는다. 외모, 골격, 성향 등 비슷한 요소가 많다. 또 교육과 환경을 통해 가치관도 유전 된다. 세종의 후손 중 상당수가 전통문화와 효에 관심이 많은 배경이다. 세종 때부터 조상 대대로 물려받은 생리적, 문화적 DNA 영향 결과다.

이 같은 효의 문화, 조상 선양에 온 몸을 던진 세종의 후손 중 한 명이 이주화 영해군파종회장이다. 왕실 문화 보존과 계승, 현대적 문화 재생산을 위해 동분서주하는 이주화 회장은 세종왕자 영해군파종회장으로서도 10년 넘게 봉사해오고 있다.

명예욕이 적은 그는 회장직에 대해 한사코 손을 내젓지만 종원들은 강제(?) 추대를 하곤 했다. 그의 헌신의 마음과 역량을 잘 알고 있기 때문이다. 이주화 회장이 앞장선 영해군파종회는 숭조돈종의 모범 종친회로 자리를 굳혔다.

영해군파종회에서 왕자의 일생을 담은 책을 출간했다. 조선의 왕자는 자료가 극히 미약하다. 이런 어려움에도 불구하고 영해군의 삶을 책으로 엮은 노력과 결과는 종중 발전에 큰 기폭제가 될 것으로 확신한다.

지하에 계신 세종과 왕자 영해군도 "나에게는 후손들이 있다"며 흐뭇해하실 것이다. 자랑스러운 후손들이 세종과 영해군의 효의 정신을 실천했기 때문이다.

예의 바르고 효성이 지극했던 영해군은 세종의 18남 중 열일곱 번째 왕자다. 어머니는 세종, 문종, 단종, 세조 임금으로부터 지극히 예우 받은 신빈김씨다. 영해군의 부왕 세종은 조선 최고의 성군이고, 어머니는 많은 덕을 쌓은 적덕積德의 여인이다. 영해군은 정치와는 거리를 두고 왕실 행사에 적극 참여했다. 존경받는 종친이었다.

훌륭한 일을 한 조상은 조명된다. 한편으로는 후손이 정성을 다할 때 조상이 제대로 대우받고, 바르게 예우 되기도 한다. 이 같은 의미에서 영해군과 왕자 가족을 다룬 책의 출간은 더욱 뜻깊다. 세종과 영해군의 효도관과 바른 가치관을 물려받은 후손들의 선조 선양사업에 큰 박수를 보낸다.

2024년 10월

대한황실 황사손 이　원

〈영해군 계보도〉

1세	2세	3세	4세
영해군	영춘군	완천군	부원정
			선성수(출계 덕녕부정)
			평성수
		강녕군	주진수
		순성부정	웅성령
		덕녕부정	계자 선성수
	길안도정	시산군	부친과 함께 피화(휘 威)
			계자 용성정
		청화수	춘성수
			용성정(출계 시산군)
			구성수
		송계군	의성군
			운성령
			신성부령
			보절부령
			낙성부정
		은계군	원천군
		벽계도정	문성령
			문천군
			문원령
			문현수(출계 안릉도정)
		옥계군	운천군

목차

글을 시작하며 ·································· 5
발간사 ·· 9
축사 ·· 13

1장. 왕자의 탄생

조선왕조실록의 영해군 탄생 보도 ················· 26
고귀한 품격이 담긴 이름 ························· 29
영해군의 휘와 명나라 태조 주원장 ················ 30
궁궐에서 자란 왕자 ······························ 35
7세 소년의 벼슬 ································· 38
군호와 달라진 왕자의 신분 ······················· 41
대군과 군의 차이 ································ 43

2장. 왕자의 삶

내 종친의 기준이 된 영해군 ······················ 50
영해군과 세 번에 걸친 우대 ······················ 53
세 모자의 애착과 파계사 ························· 55
영해군의 특이한 연회 참석 ······················· 60
영해군 5형제가 함께 한 잔칫날 ··················· 64

3장. 왕자의 서거

왕자의 가족력 풍병風病 ·· 68
왕자의 서거와 왕의 슬픔 ·· 71
세종의 자녀들이 함께 받은 시호 안도安悼 ······················· 75
영해군 사당 남원의 소덕사 ··· 78
영해군 사우 봉건기寧海君 祠宇 奉建記 ································· 80

4장. 부왕 세종대왕

세종대왕의 꿈 ·· 86
세종대왕과 10가지 이름 ··· 88
왕자의 금기어, 아버지 ·· 94

5장. 어머니 신빈김씨

적덕積德의 여인인가! 신데렐라 여인인가! ························ 100
백마 탄 왕과 신비의 여인 ·· 104
왕실 여인의 미스터리 세 가지 ·· 108
세종을 잊지 못한 여인 ·· 115
조선 최초 여성 신도비 주인공 ·· 120
500년 만의 천도재 ·· 123

6장. 세종의 18왕자

리틀 세종, 문종 ·· 129
카리스마 화신, 세조 ·· 131
문학 천재 안평대군 ·· 133
청빈한 왕자, 임영대군 ·· 135
살아있는 역사, 광평대군 ···································· 137
절개 높은 장부, 금성대군 ·································· 139
후손이 없는 평원대군 ·· 141
세종이 최고 사랑한 영응대군 ···························· 143
훈민정음 창제에 기여한 화의군 ························ 145
세조 등극 공신 계양군 ······································ 147
단종복위 운동, 의창군 ······································ 149
육종영의 충절, 한남군 ······································ 151
조선 최고 명가 이룬 밀성군 ······························ 153
뜻을 펴지 못한 수춘군 ······································ 155
왕권강화 힘쓴 익현군 ·· 157
순충사절 영풍군 ·· 159
큰 마음의 영해군 ·· 161
못다 핀 꽃, 담양군 ·· 163

7장. 자랑스러운 세종의 손자

영해군의 장남 영춘군의 삶 ································ 166
영춘군, 종친을 변호하다 ································ 169
영춘군, 문소전 제향 헌관 ································ 173
영춘군의 안식 ································ 175
영춘군 만사 永春君 挽詞 ································ 177
영해군의 차남 길안도정의 삶 ································ 180
미스터리 길안도정 생년월일 ································ 182
걸출한 왕손이 생년을 숨긴 이유 ································ 184
길안도정과 개혁가 아들의 삶 ································ 187
길안도정 전송 시 ································ 190

8장. 세종왕자 영해군파

왕족 중에서 빛나는 혼맥 ································ 194
영해군 후손들의 영광과 치열한 삶 ································ 196
역사서에 기록된 충노忠奴 금동金同 ································ 199
신도비에 쓰인 500년 전 서울 노원과 도봉 ································ 201
세종 후손 6명 배향한 남원 매계서원 ································ 203
덕계팔현서원유허비문 ································ 207
영해군 항렬자 ································ 210
영해군파종회 ································ 219

1장
왕자의 탄생

전주이씨 영해군파派의 파시조인 영해군寧海君은 세종대왕의 17남이다. 어머니는 신빈김씨다. 세종은 18남 4녀를 두었다. 영해군은 세종 17년(1435) 3월 20일 태어나 성종 8년(1477) 5월 5일에 세상과 이별했다. 향년 43세.

조선왕조실록의 영해군 탄생 보도

왕자 영해군寧海君은 세종 17년(1435) 3월 20일(양력 4월 27일)에 한양도성에서 탄생했다. 법궁인 경복궁에서 깊은 밤에 고고성呱呱聲을 터뜨렸다. 부왕 세종대왕의 18남 4녀 중 17번째 왕자이고, 어머니 신빈김씨의 6남 2녀 중 다섯 번째 아들이다. 세종실록에는 왕자의 탄생이 묘사돼 있다.

'시야 왕자생, 모 후궁 김씨, 즉 영해군 장야是夜 王子生 母 後宮金氏 卽寧海君 璋也다.' 풀이하면 다음과 같다.

'이날 밤에 왕자가 탄생하였다. 어머니는 후궁後宮인 김씨로, 곧 영해군寧海君 이장李璋이다.'

세종의 자녀 중 탄생 소식이 조선왕조실록에 실린 왕자는 안평대군, 영응대군, 영해군 등 10명이다. 실록 기사는 짧은 단신이다.

"왕자가 탄생하니, 바로 영응대군永膺大君 이염李琰이다. 〈세종 16년 4월 15일〉 왕자가 탄생하니 바로 영풍군永豐君 이전李瑔이다."

〈세종 16년 8월 17일〉

영해군 기사도 같은 단신이지만 '이날 밤是夜' 설명이 추가돼 있다. 다른 왕자는 태어난 날만 기록한 데 비해 영해군은 밤이라는 시간대를 특정했다. 이는 더 큰 관심의 표명이다. 사관은 조선시대 왕궁에서 처음 태어난 왕자 안평대군, 소헌왕후가 궁궐에서 처음 수태하고 출산한 임영대군, 조선왕조 최초로 임금이 만조백관에게서 왕자 탄생 하례를 받은 광평대군 등 세종의 18왕자 중 10명의 출산 기록을 남겼다. 그런데 태어난 시기를 특정한 왕자는 임영대군과 영해군밖에 없다.

사관은 임금을 중심으로 역사를 기록한다. 이는 세종이 영해군 출산에 극히 관심을 기졌음을 보여주는 대목이다. 더욱이 영해군은 궁궐에서 태어났다. 세종의 후궁 소생 왕자가 경복궁에서 태어난 사례는 신빈김씨 소생 익현군과 혜빈양씨 왕자인 수춘군만 확인될 정도로 드물었다. 이는 당시의 문화와 관계있다.

'조종祖宗 조에는 대궐의 법이 지나치게 엄했다. 후궁이 잉태하면 친정집으로 보내 분만하게 하였다. 그런데 이때 이르러 후궁인 김씨와 정씨가 잇달아 산고병産苦病으로 숨졌다. 치료의 실수를 의심

한 임금은 후궁이 잉태하면 대궐 안에서 출산하게 하는 법령을 만들었다.'

〈선조 13년(1580) 11월 1일〉

　선조 때 후궁 2명이 출산하다 숨졌다. 이에 선조가 후궁도 대궐에서 해산하도록 지시한 조선왕조실록의 기사다. 선조 이전까지 후궁은 궁궐 밖에서 출산했다. 후궁의 궐 밖 출산은 고려 시대의 유습이다. 고려 시대에는 처가살이하는 남귀여가男歸女家 결혼 형태였다. 남자가 여자의 집에 가 살림을 차렸다.
　그러나 조선 건국세력은 시집살이인 친영親迎을 권장했다. 신랑이 여자의 집에서 신부를 데려와 남자의 집에서 혼인하고 사는 것이다. 풍속 변화를 위해 왕실에서부터 친영을 적극 실시했다. 그러나 문화는 하루아침에 바뀌지 않는다. 왕실에서 친영을 하고, 왕비와 세자빈은 궁궐에서 출산하게 했다. 당시 분위기를 따르면 후궁 신빈김씨는 궁에서 나가 아기를 낳아야 했다. 그러나 영해군은 경복궁에서 태어났다. 이를 통해 세종이 신빈김씨를 지극히 생각하고 배려했음을 알 수 있다.

고귀한 품격이 담긴 이름

영해군의 처음 휘諱는 장璋, 바뀐 휘는 당瑭, 자字는 옥지玉之, 시호諡號는 안도安悼다. 휘인 장璋은 마음을 모으는 홀笏을 의미하고, 당瑭은 옥을 뜻한다.

장과 당은 왕자의 이름을 외자로 짓는 관례를 따른 것이다. 또 글자의 음을 취한 것으로 깊은 의미는 구슬 옥玉 부수에 담겨 있다.

세종은 18명의 왕자 이름에 모두 구슬 옥玉 부수를 넣어 금지옥엽임을 표현했다. 자인 옥지玉之도 세종의 아들 돌림자인 지之를 넣어 귀한 인물임을 담았다.

시호는 인물에 대한 평가다. 시호諡號를 의논하여 정하던 방법인 시법諡法에 쓰는 글자는 모두 301자다. 그중에 안安은 화합을 좋아하여 다투지 않는 것이고, 도悼는 천수를 누리지 못하고 중년에 삶을 마감한 것이다. 이처럼 영해군의 여러 이름에는 고귀한 품격과 안타까움이 흐르고 있다.

1장. 왕자의 탄생

영해군의 휘와 명나라 태조 주원장

영해군 탄생 1백 년 전인 1328년 9월 18일, 명나라 태조 주원장 洪武帝 朱元璋이 중국 안후이성에서 태어났다. 영해군의 초명은 장璋이고, 주원장의 이름은 원장元璋이다. 공교롭게도 이름이 장璋으로 같다. 이는 의미를 부여하면 대사건이 아닐 수 없다. 명나라에서 생떼를 부리면 조선의 운명이 소용돌이칠 가능성도 있었다.

동아시아 한자漢字 생활권에서는 독특한 피휘避諱 문화가 있다. 임금이나 큰 인물의 이름을 글로 쓰거나 직접 부르지 못하는 전통이다. 피휘 풍속은 중국은 주周 나라 때 시작돼 후대 왕조로 내려올수록 강화됐다. 우리나라에서도 삼국시대부터 뿌리를 내리기 시작해 고려 조선을 거치면서 굳건한 예법으로 자리 잡았다. 유교문화권에서 임금에 대한 피휘避諱는 공경하여 같은 이름자를 피하는 경휘敬諱다. 이에 같은 글자는 물론 비슷한 발음의 단어도 피했다.

당시 명나라와 조선은 사대事大와 사소事小의 국제질서 체제에서 안정기에 있었다. 불과 반세기 전만 해도 조선과 명나라 사이에는 전운이 감돌았다. 명나라가 조선 땅에 철령위 설치 통보하자 태조와 정도전은 전쟁을 염두에 두었다. 태종은 나라의 안정과 백성의 편익을 위해 정책을 사대 외교로 전환했다. 국력이 강한 명나라와의 전쟁을 피하고, 경제 문화적 실속을 챙기는 실리외교를 했다. 이를 위해 형식적인 조공과 책봉을 선택했다.

다음 국왕 세종은 조선의 안정을 위해 더 적극적으로 명나라의 자존심을 세워주며 실리를 다졌다. 대표적인 게 백두산 일대 영토를 확보한 사군과 육진 개척이다. 국정의 내실을 다지고, 농업 생산성도 높였다. 국방력을 키우고, 문화도 크게 융성시켰다.

이 상황에서 조선의 왕자가 명나라 건국 군주의 이름을 쓴 것이다. 명나라에서 주원장은 신성한 존재다. 그늘은 수원장의 권위 손상에는 극히 예민했다. 명나라 학자 서일기徐一夔가 주원장을 칭송하는 글을 지었다. 글 중에 광천지하光天之下와 천생성인 위세작즉天生聖人 爲世作則 표현이 있었다. '하늘이 성인을 보내 세상을 위해 법을 짓는다'는 찬양시였다. 하지만 주원장은 광光과 즉則 두 자字를 문제 삼아 그를 참수했다. 어린 시절에 떠돌이 승려 생활도 했던 주원장은 광光에서 머리 깎았던 자신을 연상했다. 또 즉則은 발음이 적賊과 비슷하다는 이유로 학자를 죽였다.

만약 명나라에서 주원장의 이름자를 조선의 왕자가 쓴 것을 알면 양국 관계는 파국으로 치달을 게 뻔했다. 그만큼 중차대한 일로 비화될 사안이었다. 명나라는 자국의 유생들이 글을 지을 때 '원장元璋'을 쓰지 못하게 금지시켰다. 그 내용이 성종 6년(1475) 6월 10일자 조선왕조실록에 실려 있다. 서장관으로 북경에 다녀온 이경동이 명나라 예부禮部의 방榜 내용을 보고한 것이다.

"과장科場의 생원生員들이 짓는 바 문자文字 가운데 〈임금의〉 두 이름자는 제除한다. 두 자 중 한 자만 피하는 것도 하지 말라. 회피回避할 글자는 다음과 같다.
(……) 태조 성신 문무 흠명 계운 준덕 성공 통천 대효 고황제太祖聖神文武欽明啓運峻德成功統天大孝高皇帝의 묘휘는 원장元璋, 자字는 국서國瑞이다."

명나라에서는 주원장의 휘인 원장과 자인 국서의 네 글자를 아예 과거 답안지에 쓰지 못하도록 규정한 것이다.

그렇다면 세종은 아들의 이름에 왜 명나라 태조의 이름자를 포함시켰을까. 세종이 주원장의 이름자를 모르고 실수했을 가능성은 극히 희박하다. 세종과 조선의 대신들은 외교문서에서 명나라 태조 이름자를 피해야 했기 때문이다. 이는 주원장의 이름자임을 알면서도 왕자의 이름자로 지었음을 의미한다.

세종의 입장은 왕자의 한 글자 이름에서 유추할 수 있다. 세종은 영해군의 이름인 '장'이 명나라 건국 군주인 주원장의 '원장'과 한 글자만 겹치는 것에 주목한 듯하다. 예기禮記 곡례상曲禮上에는 이명불편휘二名不偏諱 구절이 있다. 두 글자로 된 이름 중 한 글자만은 휘諱하지 않는다는 뜻이다. 예기의 예법을 따르면 이름에서 한 글자만 같기에 피하지 않아도 된다.

다만 이론은 이론일 뿐이었다. 현실은 두 글자를 모두 피했다. 경전의 글자도 바꾸는 폐단이 생겼다. 이에 당나라 태종 이세민은 깊이 탄식하며 '두 글자가 연속되지 않으면 피휘 하지 말라'고 명했다. 피휘 열풍은 그 후 잠시 진정되는 듯했으나 금세 제자리로 돌아갔다. 당나라 때 제작된 역사서 진서晉書, 수서隋書, 남사南史, 북사北史 등에 당 태종 이세민의 이름자인 세世는 대代로 바꾸고, 민民은 인人으로 바꾸었다.

그럼에도 불구하고 세종은 왕자 영해군의 휘를 '장'으로 정했다. 혹여 명나라에서 문제 삼아도, 예법의 논리로 비껴갈 수 있다는 자신감으로 풀이할 수 있다. 또 조선은 피휘 할 명나라 임금의 휘와 자를 성종 때 승문원에 내렸다. 이는 세종 때는 명나라 군주에 대한 피휘 원칙이 세밀하게 규정되지 않았음을 시사한다. 세종과 조선의 대신은 '원장'이라는 두 글자를 모두 취하지 않으면 피휘 정신에 어긋나지 않는 것으로 여겼을 수도 있다.

한편 영해군은 당瑭으로 개명했다. 단종 즉위년(1452) 윤 9월 2일, 왕은 종친들을 인견하고 하사품을 내렸다. 이날의 조선왕조실록에는 영해군의 이름이 이당李瑭으로 기록돼 있다. 따라서 영해군은 18세 무렵에 개명했음을 알 수 있다. 영해군은 개명 후에도 2년여 동안 옛 이름도 사용했다. 이당李瑭은 약 3백 년 후에 사도세자의 손자인 풍계군豐溪君이 부여받은 이름이기도 하다.

궁궐에서 자란 왕자

영해군이 태어나자 왕실에서는 왕자의 태를 씻는 세태洗胎 의식을 가졌다. 또 아기의 복을 비는 개복신초례開福神醮禮를 행했다. 이 의식은 특별히 인품이 넉넉한 대신이 헌관으로 나서 주재한다. 세종시대의 개복신초례 장소는 소격전昭格殿과 궁궐 뜰이었다. 소격전에서 사흘 동안 정성을 다한 뒤 산실 근처 궁궐 뜰에서 의례를 마무리했다. 소격전은 조선시대 초제를 거행하기 위하여 설치한 관서로 세조 때에 이름이 소격서昭格署로 바뀌었다.

세태 절차는 까다로웠다. 궁중의 일관이 좋은 시간을 잡았고, 상서로운 방향에서 길어온 물로 태를 100번 씻었다. 다시 술로 씻은 태는 백색 항아리에 보관했다. 태를 넣을 내항內缸에는 동전 글자가 아래로 향하도록 넣었다. 내항은 기름종이로 덮고 붉은색 끈으로 묶어서 봉하였다.

또 안의 항아리와 겉의 항아리가 부딪치는 것은 막기 위해 조청을 불에 달인 뒤 넣어 밀봉했다. 태 항아리에는 세태 날짜와 주인공을 알리는 홍패紅牌를 써 부착했다. 영해군의 태 항아리는 4년 후인 1439년 8월 8일에 경상도 성주에 안치됐다. 조선 중기부터 왕자는 5개월, 공주나 옹주는 3개월 후에 태를 봉안했다.

왕자는 어머니의 보호를 받으며 성장한다. 영해군은 궁궐에서 신빈김씨와 함께 생활했다. 하지만 조선 초기의 왕자는 사가에서 자라는 경우도 심심찮았다. 주로 아기의 복을 기원하고, 전염병 등을 피하기 위한 방법이었다. 세종의 왕자도 종종 어머니 품을 떠나 생활했다. 소헌왕후의 둘째 왕자 수양대군(세조)은 모후가 어린 큰 왕자(문종)와 젖먹이 안평대군 양육에 집중해야 하는 상황 탓에 궐 밖에서 많은 시간을 보냈다. 신빈김씨도 네 살에 불과한 밀성군을 사가로 내보냈다. 영해군이 태어난 데다, 1년 뒤에는 세종으로부터 영응대군 양육을 명 받았기 때문이다. 영해군은 다른 형제들과는 달리 혼인 때까지 줄곧 경복궁에서 생활했다.

왕자 등 왕의 자녀는 태어나면 아기씨阿只氏로 불렸다. 아명兒名과 본명도 주어진다. 군이나 대군 또는 원자, 왕세자, 왕세손 등의 책봉 이름도 얻는다. 성인이 되는 관례 때는 자字를 받고, 호號도 선물 받는다.

일반적으로 혼인 전까지 원자는 원자 아기씨, 세손은 세손 아기씨, 왕자는 왕자 아기씨, 대군은 대군 아기씨로 이름 됐다. 왕이나 왕비 등 왕실 어른들은 적장자를 원자元子 원량元良 충자冲子로 호칭했다. 영조는 세손(정조)을 스무 살까지 충자라고 불렀다.

왕실 관례로 보면 영해군은 유아 때 왕자 아기씨로 불렸고, 군호를 받은 7세 때부터는 영해군으로 호칭됐다. 또는 신빈 김씨가 머문 당호를 따라 불렸을 수도 있다. 고종은 후궁 양씨의 당호를 복녕당으로 이름했다. 양씨가 낳은 덕혜옹주는 복녕당 아기씨로 불렸다.

1장. 왕자의 탄생

7세 소년의 벼슬

"장을 영해군으로 삼았다以璋爲寧海君."

〈세종 24년(1442) 1월 6일〉

세종은 17번째 낳은 아들에게 외자의 이름諱과 군호君號를 내렸다. 이름은 장璋이고, 군호는 영해군寧海君이다. 군호는 7세에 받았고, 이름인 휘는 4세 이전에 받은 것으로 보인다. 네 살 때 조성된 태실에 휘인 '장'이 보이는 데서 알 수 있다.

외자의 이름과 군호는 왕위 계승권자임을 상징한다. 조선이 안정된 태종 이후 왕위 계승권자는 단종을 제외한 모두가 한 글자의 이름을 가졌다. 방계 혈통으로 임금이 된 선조, 넓은 의미의 왕족인 철종과 고종, 반정으로 등극한 인조의 초명은 두 자였는데 왕위에 오르면서 외자로 개명했다.

이는 조선의 독특한 기휘제도忌諱制度에서 기인한다. 왕은 거룩한 존재이기에 이름을 함부로 불러도, 글로 써도 안 된다. 백성의 이름을 지을 때도 피해야 했다. 이는 많은 불편을 불러 왔다. 왕실에서는 문제점 최소화를 위해 왕위 계승권자의 이름을 실용에 거의 쓰이지 않는 한 글자로 지었다. 잠재 대권 후보인 영해군의 초휘를 장으로 한 이유다.

조선에서는 정궁 소생 왕자는 대군大君으로, 후궁이 낳은 왕자는 군君으로 봉했다. 봉군 나이는 보통 6세에서 10세 사이다. 세종은 7세에서 14세 사이에 아들을 봉군했다. 영해군은 동복형인 밀성군처럼 7세에 봉군 됐고, 광평대군과 금성대군이 각각 8세에 군호를 받았다. 안평대군은 11세, 수양대군은 12세에 호를 하사받았다. 한남군은 14세에서 봉군됐다.

왕자의 군호는 외가外家와 연관 있다. 이는 밀성군 9대손 이휘지가 정조에게 올린 상소에서 알 수 있다. 이휘지는 우의정 시절인 정조 4년(1780) 8월 15일에 사도세자 손자인 완풍군 이준의 봉군 논의에서 "종친의 작호는 반드시 그 외가 성씨의 관향貫鄕을 따르는 것이 예"라고 밝혔다. 정종의 왕자인 덕천군 수도군 금평군 등이 이 원칙에 부합된다.

세종과 신빈김씨 소생의 여섯 왕자는 전국의 지명을 군호로 받았다.

큰아들은 인천 지역인 계양군桂陽君으로, 둘째 아들은 경남 창원 일대인 의창군義昌君으로, 셋째아들은 경남 밀양인 밀성군密城君으로, 넷째 아들은 강원도 양양인 익현군翼峴君으로, 다섯째 아들은 경북 영덕인 영해군寧海君으로, 여섯째 아들은 전남 담양인 담양군潭陽君으로 봉군 됐다.

군호와 달라진 왕자의 신분

군호는 왕자를 비롯하여 신료들이 받는다. 조선의 헌법인 경국대전의 종친 봉군법은 세종 12년(1430) 11월 종친부宗親府의 성립과 더불어 큰 뼈대가 완성되었다. 군호는 왕자는 물론이고 종2품 이상의 종친, 공신, 공신계승자에게도 내릴 수 있다. 국왕의 장인과 정1품 공신은 부원군府院君이 된다.

경국대전 이전吏典에는 '공신에 책록된 경우와 종2품의 종친이 봉군된다'고 설명돼 있다. 또 부원군은 '왕비의 아버지 또는 친공신親功臣으로 정1품에 오르면 군에서 부원군으로 고쳐 이름한다'고 규정하고 있다. 승습적자承襲嫡子는 종1품에서 종2품의 군을 제수한다. 봉군제는 1897년 대한제국 성립 때까지 계속되었다.

왕자가 군호를 받는 것은 정치적, 경제적으로 특별한 의미가 있다. 봉작된 임금의 아들은 왕자군王子君으로 분류돼 다음 왕위계승권을 갖는다. 이 점에서 신료들의 봉군과는 큰 차이점이 있다.

봉군은 주나라의 봉건제도가 기원이다. 봉건제도는 왕이 직접 다스리는 지역 외의 땅을 왕족이나 공신인 제후에게 나누어주던 제도다. 봉토는 제후의 큰아들에게 상속되었다. 토지를 받은 제후는 왕실에 공물을 바치고, 전쟁이 일어나면 군사 지원을 한다. 중국을 통일한 주나라 무왕은 공신과 친족의 공로에 따라 봉토를 내리고 그곳을 통치하게 했다. 그러나 조선에서는 봉군한 왕자에게 땅을 하사하지 않았다. 임금이 모든 지역을 직접 통치하기에 부족함이 없었기 때문이다.

또한 봉군은 경제 주체가 되는 의미가 있다. 왕자 군호는 임금의 교지와 함께 내려진다. 벼슬을 의미하는 봉작 교지를 받으면 녹봉과 면세 토지인 전결田結, 그리고 호조와 선혜청으로부터 공물을 지급받았다.

속대전에 의하면 대군과 군의 왕자 군에게는 매월 쌀 2석 8두, 큰 콩 1석 5두가 지급된다. 전결은 대군이 850결, 군이 800결을 받았다. 왕자가 봉작으로 독립하면 나라에서 생활 물품이 공급되었다. 각 지방에서 올라오는 생필품이 임금과 왕비에게 가면 진상이고, 왕자에게 가면 공상供上이다. 공상은 왕자의 방에 소속된 유모와 보모, 궁녀들에게도 지급되었다.

대군과 군의 차이

흔히 말한다. 왕비 소생 왕자는 대군大君, 후궁이 낳은 왕자는 군君이라고!

이 표현은 적확할까. 조선의 봉작 규정에 의하면 왕의 적자는 대군大君으로, 후궁 소생은 군君으로 각각 봉한다. 품계는 대군이나 군이나 무품無品으로 모두 왕위계승권이 있다. 하지만 완벽하게 맞는 표현은 아니다. 왕비 소생이지만 대군 봉작을 받지 않는 왕자가 있다. 대통 계승이 확실시되는 왕자나 왕손이다. 왕의 장남, 왕의 장손으로 태어나 일찌감치 세손이나 세자로 낙점되면 군호를 받지 않는다. 왕위 계승 후보로, 단 한 명의 특별한 존재인 세손이나 세자는 일반적인 종친의 봉작 대상을 넘어선다.

단종이 대표적이다. 단종은 원손에서 왕세손으로, 다시 왕세자로 신분이 바뀌며 왕으로 등극했다. 또 적장자로 대통을 이은 문종, 연산군, 인종, 현종, 숙종, 순종 등도 왕세자가 되었기에 군호를 받지 않았다. 이에 비해 왕비 소생이지만 큰아들이 아닌 세종은 충녕대군, 세조는 수양대군, 중종은 진성대군, 효종은 봉림대군으로 봉작됐다. 후궁 소생으로 왕이 된 광해군과 영조도 왕자 군의 군호를 받았다.

그런데 조선 2대 임금 정종과 3대 임금 태종은 왕비가 모후이지만 대군으로 봉작되지 않았다. 대신 후궁 소생과 같은 왕자 군호를 받았다. 정종은 영안군永安君, 태종은 정안군靖安君으로 봉작됐다. 반면 형제들은 진안대군 익안대군 회안대군 덕안대군 무안대군 의안대군으로 봉작됐다.

조선의 건국주 태조대왕의 8왕자 중 정종과 태종만 대군으로 봉작되지 않았다. 이에 정종은 임금이 되기 전까지 영안군으로 불렸고, 태종은 태조 시절에는 정안군, 정종 시절에는 정안공으로 이름됐다.

조선의 공식 국가기록인 조선왕조실록에는 영안군永安君은 모두 9차례 나오지만 영안대군은 단 한 건도 없다. 정안군靖安君은 모두 22차례, 정안공靖安公은 모두 19번 나온다. 마찬가지로 정안대군은 단 한 건의 기록도 없다. 영안군은 영안대군이, 정안군은 정안대군이 된 적이 없기 때문이다. 따라서 정종(이방과)의 등극 전을 영안대군, 태종(이방원)의 왕자 시절을 정안대군으로 표기하는 것은 바른 표현은 아니다.

그렇다면 정종과 태종은 왜 왕자 시절에 대군으로 봉군 되지 못했을까. 이는 조선의 왕자 봉군 제도와 관계있다. 조선은 건국 직후 친왕자를 모두 군君으로 봉했다. 태조는 나라를 세운 다음 달인 1392년 8월 7일에 각 왕자를 군으로 삼았다.

이방우는 진안군鎭安君, 이방과는 영안군永安君, 이방의는 익안군益安君, 이방간은 회안군懷安君, 이방원은 정안군靖安君, 이방번은 무안군撫安君으로 봉했다. 막내 이방석은 세자로 삼았다.

1398년 9월, 정도전의 난(제1차 왕자의 난) 직후 임금의 친왕자는 봉작 칭호가 공公으로 바뀌었다. 또 태종이 등극한 1401년 1월에 공公을 부원대군府院大君으로 개정했다. 태종 12년인 1412년 4월 25일에는 적서를 구분한 개정된 왕자와 왕손 칭호를 발표했다.

정비의 아들은 정1품 대군大君, 빈잉의 아들은 종1품 군君, 궁인의 아들은 종3품 정윤正尹과 정4품 부정윤副正尹으로 규정하였다. 또 왕의 친형제는 대군으로 봉하고, 친형제의 적실嫡室 장자長子는 군, 중자衆子는 종2품 원윤元尹으로 봉했다. 친형제와 친자親子의 양첩良妾 아들은 종2품 원윤과 정4품 부원윤副元尹으로 삼았다. 태종은 2년 뒤에는 친 왕자 중 왕비 소생은 대군大君, 후궁 소생은 군君으로 확정하였다.

종친 봉작 규정은 세종이 1443년 12월 9일 다시 손질한다. 호칭은 중궁의 아들은 대군, 후궁의 아들은 군으로 태종과 같다. 다만 모두 자급 없는 정1품으로 적서嫡庶의 품계 차별을 없앴다. 또 경국대전에는 임금의 자녀인 대군 군 공주 옹주는 모두 품계品階를 초월하는 존재로 기록됐다.

품계品階는 관리의 지위 구분 등급인 위계位階다. 조선에서 무품계는 임금 부모와 모후인 대비 그리고 자녀인 대군, 군, 공주, 옹주다. 1869년(고종 6년) 1월 24일에는 종친 봉작 연령 제한이 신설됐다. 대군과 왕자 군은 7세, 적왕손과 왕손은 10세 봉작을 규정했다. 공주와 옹주는 7세, 군주와 현주는 10세를 봉작 연령으로 정했다.

이 같은 종친 봉작 기준에 따라 태조의 왕자들은 처음에는 군이 되었다. 정종 때는 공으로 불리다가 태종 1년에 진안군 익안군 회안군 덕안군은 대군으로 진봉됐다. 다만 정도전의 난 때 피화된 무안군과 왕세자 이방석은 진봉 되지 않았다. 무안군 이방번과 왕세자 이방석은 태종 6년인 1406년에 공순공恭順公과 소도공昭悼公이 되었고, 숙종 6년인 1630년에야 무안대군과 의안대군으로 각각 추증되었다.

그러나 왕자인 영안군 상태에서 왕이 된 정종과 정안공에서 임금이 된 태종은 대군 작호 소급 대상이 아니었다. 왕보다 높은 존재는 없기 때문이다. 왕의 적자를 대군으로 봉하는 제도는 태종 때부터 실시돼 세종 때부터 완벽하게 적용 되었다. 정종과 태종이 왕이 된 후의 일이다. 따라서 정종과 태종은 태조대왕의 적자이지만 대군으로 봉작될 수 없었다. 역사에서 정종은 왕자 시절에 영안대군이 아닌 영안군이었다. 또 태종은 왕자 시절에 정안대군이 아닌 정안군이었다.

〈세종 왕자의 군호와 휘〉

왕비/후궁	왕자군호 (君號)	휘 (諱)	생년 (生年)	졸년 (卒年)	왕손자 봉작과 휘
소헌왕후	문종	향珦	1414	1452	
	세조	유瑈	1417	1468	
	안평대군	용瑢	1418	1453	의춘군 우직宜春君 友直 덕양군 우량德陽君 友諒
	임영대군	구璆	1420	1469	오산군 주烏山君 澍 귀성군 준龜城君 浚 정양군 순定陽君 淳 팔계군 정八溪君 淨 환성군 징歡城君 澄 단계부정 린丹溪副正 潾 영양부정 함英陽都正 涵 윤산군 탁輪山君 濯 옥천군 옥玉泉君 沃
	광평대군	여璵	1425	1444	영순군 부永順君 溥
	금성대군	유瑜	1426	1457	함종군 맹한咸從君 孟漢 증참판 동贈參判 銅
	평원대군	임琳	1427	1445	
	영응대군	염琰	1434	1467	청풍군 원淸風君 源
영빈강씨	화의군	영瓔	1425	1460	여흥군 원驪興君 轅 여성군 변驪城君 轓 금란수 식金蘭守 軾
신빈김씨	계양군	증璔	1427	1464	영원군 례寧原君 澧 강양군 숙江陽君 淑 부림군 식富林君 湜 방산수 란方山守 蘭
	의창군	공玒	1428	1460	사산군 호蛇山君 灝
	밀성군	침琛	1430	1479	운산군 계雲山君 誠 춘성군 당春城君 譡 수안군 상遂安君 言+賞 석양군 격石陽君 調
	익현군	연璉	1431	1463	괴산군 지槐山君 漬)
	영해군	당瑭	1435	1477	영춘군 인永春君 仁 길안정 의吉安正 義
	담양군	거璖	1439	1450	
혜빈양씨	한남군	어王於	1429	1459	흥안군 중생興安君 衆生
	수춘군	현玹	1431	1455	
	영풍군	전瑔	1434	1457	

2장
왕자의 삶

내 종친의 기준이 된 영해군

영해군은 종친의 국가 공식 행사 참여 기준이 되었다. 영해군이 활동하던 때는 문종 단종과 세조 시기다. 이 무렵에 왕이 주최하는 행사 참여 인물 기준이 영해군이었다. 조선왕조실록에는 연회 참석 대상으로 '영해군 이상 대군제군寧海君以上大君諸君', '종친 영해군 이상宗親寧海君以上' 등의 표현이 30여 차례 나온다.

영해군 이상은 세종의 왕자들을 의미한다. 영해군의 아우인 담양군은 열두 살에 숨졌다. 따라서 당시 생존한 세종대왕의 왕자 중 영해군이 막내였다. 이는 공식 석상에서 영해군이 내 종친內 宗親으로 대우받고, 영향력을 행사할 수 있는 위치임을 의미한다. 세종 승하 후 문종과 단종을 거치면서 신하의 권력이 비대해졌다. 이에 대한 반작용으로 수양대군과 안평대군을 중심으로 한 왕족들도 정치에 적극성을 보였다. 특히 세조 때는 종친들이 공적 활동에 적극 참여하며 국정의 일부를 책임졌다.

 국정 참여는 군사, 외교, 궁궐숙직, 왕명 출납 등 국왕의 통치행위와 밀접하게 연관되었다. 왕의 국무 수행 일환으로 진행된 공신 책봉과 궁중의 연회에도 종친은 빠지지 않았다. 또 명나라 사신 인견, 활쏘기 대회, 사냥 후 연회, 조회 후 모임, 공신들의 회맹연會盟宴 등에서도 내 종친들이 임금을 보필했다. 문종 단종 세조 시대에 임금과 가까운 내 종친內 宗親의 기준이 바로 영해군이었다.

 이 같은 상황은 왕자들이 국정에 깊게 관여하는 요인이 됐다. 영해군의 동복형인 밀성군은 세조 예종 성종 3대에 걸쳐 국정 전반을 자문했다. 세조는 반란 사건과 같은 긴급 사안에 대해 밀성군에게 의견을 구했고, 예종은 아예 '숙부'로 호칭하며 역모나 고변, 세종의 천장 등의 대책을 물었다. 밀성군이 정사 자리에 배석해 국왕 정무를 보좌한 반면에 영해군은 연회 참석을 주로 하는 종친이었다.

 정사 활동과 거리가 있는 사직대제나 종묘대제, 선대왕의 제향 후 음복연飮福宴, 왕족이 왕에게 올리는 헌수獻壽, 사신의 파견이나 외국 사신 인견, 조회, 활쏘기 대회, 격구놀이, 사냥 등에 뒤따르는 연회에 참석했다. 잔치 뒤에는 보통 말, 비단, 부채, 활 등의 기념품을 받았다. 이처럼 영해군은 내 종친임에도 왕의 국정 수행을 보좌하지 않고 단순 연회에만 참석했다. 이는 그의 성품과 관련돼 생각할 수 있다. 그의 졸기에는 '화합하고, 다툼을 좋아하지 않는 인물'로 평가돼 있다. 정치적 성향이 없는 맑은 영혼의 인간형으로 이해되는 대목이다.

영해군과 세 번에 걸친 우대

정치와 거리를 둔 영해군은 왕들로부터 지극한 예우를 받았다. 단종은 2년(1454) 3월에 온양 온천에 머물고 있는 어머니 신빈김씨를 뵈러 가는 영해군에게 필요한 지원을 한다. 당시 신하들은 신빈김씨가 이미 계양군 등 아들 3형제와 동행했기에, 다른 왕자가 온양에 내려갈 필요가 없다고 반대했다. 종친의 온천행 때 수발들어야 하는 백성의 피로를 우려한 목소리였다. 그러나 단종은 환관을 한강에 보내고 전송하고 풍악까지 하사했다. 어머니 신빈김씨의 상을 당했을 때는 왕은 특명으로 녹봉을 내린다. 세조 11년(1465) 1월 16일 기사에 임금이 호조에 지시한 내용이 보인다.

"영해군이 비록 상복을 입고 집에 있지만 녹봉을 지급하라寧海君瑭雖持服在家, 竝令給祿."

성종 4년(1473) 7월 21일에는 사간원 대사간 정괄 등이 절에서 불공드리는 사족士族 부녀자들의 처벌을 주장했다. 죄목은 음란풍속 조장 우려다. 징계 대상에는 영해군의 장모인 신윤동의 아내 성산 이씨도 포함돼 있었다. 그러나 성종은 '이씨는 공신의 후예이며 영해군의 장모'라는 이유를 들어 특별히 죄주지 않는다.

 이 같은 우대는 영해군의 근신한 처신과 관계있다. 주위와 다투지 않고, 이해관계에 집착하지 않는 온유한 성품을 왕들이 익히 알고 있던 결과다. 영해군은 임종 시 '나라의 예장禮葬을 받지 말라'는 유언을 했다. 왕의 은혜에 감사하고, 나라의 장례 때 예산을 쓰지 않겠다는 마지막 근검의 행동이었다.

세 모자의 애착과 파계사

영해군 이당寧海君 李瑭은 어떤 왕자와 정서적 유대가 깊었을까. 정서적 유대관계의 다른 표현은 애착이다. 특정인에 대해 특별하게 친밀함을 느끼는 감정이다. 세종은 18남 4녀를 두었다. 영해군은 출생순서로 17번째 왕자다. 담양군만 동생일 뿐 다른 왕자들은 모두 형들이었다. 같은 형제자매라도 영·유아기를 같이 보낼 때 더욱 애틋한 관계가 된다. 심리학사 에릭 에릭슨은 애착 발생 시기를 영아기인 생후 6개월에서 8개월 사이로 보았다.

이 같은 시각으로 생각하면 영해군이 가장 애착을 가질 왕자는 한 살 위인 영응대군이다. 영해군은 1435년 4월 27일(음력 3월 20일)에 태어났다. 어머니는 신빈김씨다. 영응대군은 1년 전인 1434년 6월 1일(음력 4월 15일) 출생했다. 모후는 소헌왕후다. 세종은 영응대군이 태어나자 신빈김씨에게 양육하도록 했다.

2장. 왕자의 삶

"임금이 도승지 김돈에게 이르기를 (…) (소의김씨/훗날 신빈김씨는) 천성이 부드럽고 아름답다. 왕과 왕후를 섬기는데 오직 근신했다. 중궁이 매사를 위임하고 막내아들을 기르게 하였다. 성품이 근신하지 않다면 중궁이 소생 아들을 기르게 하였겠는가."

〈세종실록 21년(1439) 1월 27일〉

소헌왕후는 조선 왕실에서 가장 많은 자녀인 8남 2녀를 낳았다. 그중의 막내가 영응대군이다. 소헌왕후는 신빈김씨를 막내아들의 유모乳母이자 양모養母로 점 찍었고, 세종은 허락했다. 대궐에는 왕의 자녀 양육을 담당한 보모상궁이 있다. 큰아들인 원자에게는 두 명, 다른 왕자녀에게는 한 명씩 배치된다. 태어난 왕자녀가 삼칠일이나 백일이 지나면 유모가 젖을 먹였다. 수시로 피부 접촉을 하는 유모는 아이의 인생에 결정적 영향을 미친다.

유모의 중요성을 인식한 세종은 그 역할을 신빈김씨에게 맡겼다. 그녀는 궁궐의 생활을 잘 알고, 기초 교양을 닦은 여인이었다. 중궁전 지밀나인이었던 신빈김씨는 궁중의 예절과 용어, 글쓰기, 한글과 기초 한문 교육을 받은 엘리트였다. 유교 윤리 교육서인 소학과 여성 수신서인 열녀전 규범 내훈 등도 익힌 총명한 여인이었다. 성품도 온화한 신빈김씨는 이미 두 살인 수양대군(세조)을 업어 키운 경험도 있었다.

신빈김씨는 영웅대군 양육 시작 10개월 후에 영해군을 출산했다. 이에 영웅대군과 영해군은 신빈김씨의 젖을 먹고 같이 자란다. 두 왕자가 영유아 시기를 같은 어머니 밑에서 공유한 것이다. 영웅대군은 양모 신빈김씨, 영해군은 생모 신빈김씨와 자연스럽게 정서적 특별관계가 형성되었다. 훗날 세종대왕이 영웅대군에게 동별궁을 지어준 뒤 '신빈김씨를 어머니로 모시고 살라'고 명한 배경이다.

신빈김씨, 영웅대군. 영해군 세 모자母子의 애착 흔적은 대구 파계사把溪寺에서 확인할 수 있다. 신라 애장왕 5년(804) 왕사王師 심지가 창건한 절로 전해지는 파계사의 주불전은 원통전이다. 원통전에는 모든 소리를 두루 듣는 능력을 지녔다는 관음보살이 모셔져 있다. 등신 113㎝의 불상 전면은 금색이 찬연하고, 머리에는 높고 큰 보관寶冠이 있다.

불상의 재료는 나무가 아닌 천이다. 삼베와 같은 천을 옻칠로 여러 번 덧붙여 만든 건칠불상乾漆佛像이다. 상투처럼 묶은 보발과 귀, 손은 따로 만들어 붙였다. 건칠로 만든 상은 비교적 가볍고, 내부에는 공간이 넉넉하다. 많은 복장腹藏 물품이 들어갈 수 있는 구조다. 복장腹藏은 불상을 조성할 때 배 안에 사리와 불경 등을 넣는 일 또는 사리나 불경이다. 건칠 불상 제작하려면 질 좋은 옻을 구해야 하고, 제작 기간도 오랜 걸린다. 비용이 많이 들기에 왕족이나 재력이 아주 든든한 고관들이 발원하는 게 일반적이다.

이 보살상은 1979년에 개금改金했다. 이때 발견된 물품 중에 세종 29년(1447) 보살상 중수重修 사실이 기록된 발원문이 있었다. 또 대시주大施主와 화주化主 명단도 있었다. 대시주大施主로 영응대군 이염永膺大君李琰 신빈김씨愼嬪金氏 영해군장寧海君璋이 차례로 기록돼 있다. 모자母子 형제兄弟 사이인 세 왕족이 많은 비용을 내 불사를 크게 일으켰음을 알 수 있다.

세 왕족이 보살상 중수에 나선 것은 봉호封號를 받은 영응대군을 축하하기 위함이었다. 영응대군은 여덟 살이던 1441년에 영흥대군永興大君의 군호를 받았다. 그런데 1443년에 역양대군歷陽大君으로 개봉되고, 열네 살이던 1447년에 영응대군永膺大君으로 개봉되었다.

"영약대군 이염을 영응대군으로 삼고, 한확을 판중추원사로, 박종우를 이조판서로, 김윤수를 함길도 도절제사로 삼았다."
〈세종실록 29년(447) 3월 10일〉

이에 영응대군의 봉작을 기념하기 위해 세 사람이 대시주가 되어 파계사 보살상을 개수한 것이다. 당시 영해군은 열세 살이었다. 신빈김씨에게 영응대군은 직접 낳은 혈육 못지않은 소중한 존재였고, 영응대군에게 신빈김씨는 모후 소헌왕후 못지않은 또 한 명의 어머니였다. 영해군에게도 영응대군은 동복형인 계양군 의창군 밀성군 익현군 담양군에 못지않은 각별한 형이었다. 그렇기에 영응대군의 봉군을 계기로 세 왕족이 함께 대구 파계사에 불사를 일으켜 애틋한 마음을 서로 나눈 것으로 볼 수 있다.

당시 왕실에는 광평대군과 평원대군이 숨졌지만 세종의 왕자가 16명이 있었다. 또 중전인 소헌왕후를 비롯하여 영빈강씨 혜빈양씨 등 여러 명의 왕실 여인이 있었다. 영응대군의 동복형인 문종과 세조는 우애가 지극했다. 특히 세조는 불교에도 조예가 깊었다. 그런데 불사에는 유독 세 사람만 참여했다. 이는 영응대군 봉작을 계기로 애착 관계의 세 모자만 의미 있는 기념을 하고 싶었던 것으로 설명된다. 애착 관계의 세 모자는 세종대왕 승하 때도 함께 자리를 지켰다. 세종대왕은 1450년 영응대군의 저택인 동별궁에서 승하했다. 그때 왕의 마지막을 지킨 여인이 신빈김씨였다.

영해군의 특이한 연회 참석

세조 7년(1461) 새해가 밝았다. 영해군은 여느 해처럼 신년하례를 위해 입궐했다. 창덕궁에서 왕에게 신년 인사를 올렸다. 혈연으로는 동생이지만 지엄한 군주를 우러르는 군신의 예에 어긋남 없는 의례였다. 왕은 덕담과 함께 명을 내린다.

"1월 24일 호조판서 집에서 잔치가 열릴 것이니, 아우가 참석해 격려를 하시게."

왕이 동생인 왕자에게 특별히 챙기라고 한 신하는 누구일까.

호조판서는 조석문(1413~1477년)으로 세조가 신임하는 신하다. 20세에 사마시, 33세에 문과 시험에 합격한 조석문은 집현전 부수찬, 사간원 정언, 형조좌랑, 이조정랑, 예조정랑 등을 역임했다. 당시 조선은 북방을 안정시키기 위해 야인野人 추장에게 벼슬을 내렸다. 이에 대해 명나라가 문제를 제기했고, 양국은 긴장 상태에 빠졌다. 이

상황에서 조석문이 명나라에 가 깔끔한 외교로 갈등을 마무리했다. 이시애가 난을 일으켰을 때는 진압군 부사령관으로 반란군을 제압하는 공을 세웠다.

또 토지제도 등에 능한 그는 세조 등극 후 나라의 곳간을 책임졌다. 20여 년간 나라 호조판서를 겸임한 조석문은 예산 낭비를 막고, 부강한 나라를 만드는 계획을 세우고 실천했다. 그 결과 관아의 창고에는 곡식이 가득 찼다. 세조는 호조의 보고서에 '조석문'의 이름이 있으면 "다시 살펴보지 않아도, 되지 않아도 된다"고 말할 만큼 신뢰했다.

관료로 능력을 발휘하고, 임금으로부터 인정받은 행복한 사나이 조석문. 그러나 그에게는 그늘도 있었다. 집에 가면 긴 한숨만 내쉬었다. 대를 이을 아들이 없었기 때문이다. 하나 있는 혈육은 신분이 낮았나.

조석문은 의정부 좌참찬 안숭선의 딸과 혼인했다. 그러나 적실嫡室에게는 아들이 없고, 비첩婢妾에게서 얻은 아들이 한 명 있었다. 양반이 천민의 첩을 취해 얻은 자식의 신분은 시기에 따라 달랐다. 태종 때는 아버지 신분에 따르는 종부법從父法이 시행됐다. 양인 아버지와 천인 어머니 사이에서 태어난 아이는 양인이 되었다.

그러나 세종 때는 어머니 신분을 따르는 종모법從母法으로 바뀌었다. 고위직 관리가 신분이 낮은 여인을 만나 얻은 자식은 천민이 되었다. 이에 세조 때는 품계 높은 관리나 문무과 출신으로 40세가 넘었는데, 첩이 낳은 자식 외에 자손이 없으면 예외적으로 종량從良을 허용했다. 종량은 종이나 천민賤民에서 양민良民이 되는 것이다.

세조는 아끼는 신하인 조석문의 아들이 천민이 되는 것을 안타깝게 여겼다. 이에 조석문의 첩을 종에서 해방시킨 것이다. 자연스럽게 첩이 낳은 아들은 신분이 상승됐다. 세조는 조석문의 첩을 면천免賤시킨 뒤, 세상을 향해 신고식을 하게 했다. 그 날짜가 1월 24일로 정해진 것이다.

"호조판서 조석문이 적실嫡室에게는 아들이 없는데 비첩婢妾에게 아들이 있다. 왕은 일찍이 명하여 그 비婢를 종량從良하게 했다. 왕은 조석문으로 하여금 모든 재상들에게 연향宴饗을 베풀도록 했고, 이날 집에서 잔치를 열었다."

〈세조 7년 1월 24일〉

세조는 잔치에 도승지 성임과 좌부승지 유자환을 통해 술과 음식을 내렸다. 또 종친을 향연에 참여토록 했는데 영해군을 비롯하여 임영대군 이구, 익현군 이관, 오산군 이주, 귀성군 이준이 어명을 받았다. 영해군은 이날 남산 학동 서쪽에 있는 조석문의 집을 찾았다. 연회장에서 조석문에게 축하의 말을 전하고, 종량한 조석문의 아들 조헌에게 삶에 도움이 되는 말을 해주었다. 조헌은 훗날 상호군에 이르렀다.

영해군이 조석문의 연회에 참여할 때의 나이는 27세였다. 그는 평산신씨와 부부의 연을 맺은 지 10년이 넘었으나 아이가 없는 상황이었다. 왕실에서는 자녀를 강하게 원했다. 혈기왕성한 왕자는 다른 여인을 찾을 만도 했다. 그러나 다른 여인에게는 눈길을 한 번도 주지 않았다. 조선 초의 왕실은 많은 자녀가 나라를 튼튼하게 하는 길로 보았다. 그 결과 왕족은 정처正妻가 아닌 여인에게서도 많은 자녀를 갖게 되었다. 나라에서는 왕의 4대손까지는 모계母系가 천출賤出이라도 양인의 신분을 부여했다. 왕자의 아들은 양인 첩의 소생이든, 천민 첩의 소생이든 왕족으로서 위상에 전혀 흔들림이 없었다.

이 같은 왕자의 다자녀 출산을 바라는 제도적 배려에도 불구하고 영해군은 오로지 소상시쳐인 평산신씨 외의 여인에게는 아예 눈을 감았다. 춤과 여색을 멀리했고, 진기한 놀이 등 사치와도 담을 쌓았다. 자식이 없는 스물일곱 살의 왕자는 첩에게서 낳은 아들을 종량한 호조판서의 축하연에서 어떤 생각을 했을까. 흔들림 없이 한 여인, 평산신씨만을 생각하며 검소질박儉素質朴한 삶을 산 영해군은 서른두 살에 장남 영춘군을 얻었다. 또 차남 길안도정과 딸 한 명을 두었다.

영해군 5형제가 함께 한 잔칫날

신빈김씨는 세종과의 사이에서 여섯 왕자를 낳았다. 이중 막내 왕자 담양군은 12세의 어린 나이에 숨졌으나 다섯 왕자는 장성했다. 영해군의 동복同腹 5왕자가 잔칫날에 함께 참여해 즐거운 형제애를 나눴다. 세조 4년(1458) 10월 19일 지중추부사 성임成任의 집에 계양군 의창군 밀성군 익현군 영해군이 모였다. 성임의 과거시험 1등과 승진 축하연 자리였다. 보름 전인 10월 5일, 세조는 3품 이하 문관들을 상대로 특별 과거시험을 실시했다.

문신들의 학업 권장을 위해 조선 역사를 통틀어 세조 때 단 한 번 시행된 전문시箋文試였다. 장소는 근정전勤政殿 뜰이었고, 임금이 친히 시험 주제인 전箋으로 '도이산융낙역래조島夷山戎絡繹來朝'를 출제했다. 도이島夷는 중국 동남쪽에 사는 오랑캐이고, 산융山戎은 흑룡강黑龍江 북부에 살던 고대 부족으로 여진족女眞族을 이른다. 풀이하면 섬과 산의 오랑캐가 연속하여 조회한다는 뜻이다. 조선의 국력이 크게 성장해 주위의 나라에서 우러른다는 뜻이 내포돼 있다.

이 시험에서 성임이 1등, 강희맹이 2등, 서성이 3등을 차지했다. 세조는 성임의 글 권미卷尾에 친히 '일등'이라는 두 글자를 써줬다. 장원을 한 성임의 글이다.

"천지를 덮어주는 인仁을 체득하였으니, 성대한 덕이 나타나지 않겠는가. 성교聲敎가 세상에 미치었으니 남과 북의 오랑캐가 모두 고개 숙이도다. 공손히 생각건대 전하殿下는 하늘과 더불어 한 가지로 크시니, 옛날에도 앞설 사람이 없도다. 종사宗社가 다시 편안하니 무공武功이 화란禍亂을 다스려 평정하고, 인의仁義가 이미 효험을 얻어 문치文治가 나라를 편안케 하네, 해도만리海濤萬里에는 오랑캐들이 분주하고, 구중궁궐에는 오랑캐 풍속이 예를 갖추도다."

성임의 답안에 크게 기뻐한 세조는 시험 일주일 후인 10월 12일에 판사재判司宰 성임에게 첨지중추僉知中樞를 제수하고, 방을 내걸고 유가遊街를 하게 했다. 그러나 간관諫官의 간언諫言으로 인하여 과거합격 길거리 축하행진인 유가는 그만두었다. 임금은 일주일 후인 10월 19일에 주악酒樂 하사와 함께 그의 집에서 성대한 축하연을 펼치게 하였다. 세조는 내 종친內宗親인 계양군, 익현군, 의창군, 밀성군, 영해군을 특별히 축하연에 참가하게 마음껏 즐기게 하였다.

세조와 영해군 5형제는 이복형제다. 세조는 어린 시절에 신빈김씨의 보살핌을 받고, 정권 창출 과정에서 계양군의 도움을 받았다. 이런 인연으로 세조는 영해군 5형제를 동복형제와 다름없이 우대했다. 성임의 축하연에 영해군 5형제를 모두 참여토록 한 것은 임금의 특별한 정성 표현 방법이었다, 세조에게 영해군 5형제는 가장 믿을 수 있는 종친이었다. 영해군 5형제 입장에서는 왕명을 수행하는 의미와 함께 형제애를 진하게 확인하는 잔칫날이기도 했다.

3장
왕자의 서거

왕자의 가족력 풍병風病

영해군은 성종 9년(1478) 5월 5일에 세상을 떠났다. 중년인 43세의 나이였다. 유흥을 삼가는 건실한 삶을 살았으나 천수를 누리지 못한 왕자의 사인은 풍병風病이다. 개국 초의 조선 왕족은 체격이 건장하고, 체질이 강한 편이었다.

그러나 가족력 풍병風病이 있었다. 풍병은 흔히 말하는 중풍이다. 전장에서 단 한 번의 패배도 모르던 건국 군주 태조대왕이 풍병으로 병석에 누운 지 4개월 만에 승하했다. 격구를 좋아한 강인한 체질의 정종과 '카리스마의 화신' 태종도 중풍으로 버거워했다. 정종과 태종은 왕위에서 내려오는 변으로 모두 '풍병'을 들었다. 세종도 풍병을 이유로 명나라 사신 접견을 취소하기도 한다. 당뇨 등 합병증으로 힘들어한 세종의 결정적 사인도 집안 내력인 풍병으로 짐작되고 있다.

영해군도 증조부 태조, 조부 태종, 부왕 세종이 고생한 풍병에서 벗어나지 못했다. 영해군은 중풍으로 15년 남짓 고생했다. 어머니인 신빈김씨가 유명을 달리할 때 이미 발병한 상태였다. 영해군의 동복형인 밀성군 신도비에서 알 수 있다.

"갑신년(1464)에 모친상을 당했을 때 6형제가 일찍 죽거나 병에 걸린 상태였다. 공이 홀로 여막에 머물렀다. 애통하고 슬퍼하며 예를 다함에 잠시도 게으르지 않았다. 사람들이 그 효성을 칭찬했다."
〈밀성군 신도비〉

신빈김씨는 계양군 의창군 밀성군 익현군 영해군 담양군의 6왕자를 낳았다. 그녀가 숨질 때 생존한 왕자는 밀성군과 영해군 뿐이었다. 이때 영해군은 병석에 있는 관계로 밀성군이 홀로 여막을 지켰다. 병이 들었던 영해군은 호전이 되자 여막과 집을 오가며 어머니를 기린 것으로 보인다. 국조보감 을유년(1465) 1월 기사에 "밀성군 이침과 영해군 이당은 삼년상을 지르느라고 집에서 지내고 있지만, 모두 녹봉을 지급하도록 하라"는 구절이 있다.

그러나 영해군의 병세는 일시적 호전이었다. 건강문제로 세종대왕의 영릉 천장에 참여하지 못한다. 서울시 서초구 내곡동에 조영됐던 영릉은 예종 1년(1469) 3월 6일에 경기도 여주시로 천장 됐다. 논의에서 새로운 능 조성까지 7개월이 걸렸다. 당시 세종의 18왕자 중 생존자는 2명이었다. 하지만 밀성군이 총책임자인 도제조로 천릉을 주관할 때 영해군은 참여하지 못했다. 이는 영해군이 외부 활동을 할 건강 상태가 아님을 의미한다. 풍병을 지병으로 달고 산 영해군은 증세 악화 1개월 만에 후손들과 이별했다.

묘소는 서울시 도봉구 도봉동에 있고, 사당 소덕사昭德祠는 전북 남원시 사매면 대신리에 있다. 사당 명은 평소 덕을 행한 영해군의 행적을 밝히고, 사람들이 본받게 하고자 하는 뜻이 담겨 있다. 영해군 족보인 신미보에는 유덕행절의有德行節義(덕이 있고 절의를 행하다), 세헌록에는 유덕이조졸有德而早卒(덕이 있으나 수명이 짧았다) 표현이 보인다.

또한 소덕昭德은 대학大學의 명덕明德과 같은 의미다. 대학 첫머리에는 보이는 '대학지도 재명명덕大學之道 在明明德'은 대학의 도는 명덕을 밝힌다는 뜻이다. 평소 덕을 베푼 영해군의 삶을 기리고 후손들이 그 뜻을 본받게 하고자 사호祀號를 소덕昭德으로 했다. 제향일은 영해군이 음력 5월 5일, 임천군부인 평산신씨가 음력 8월 3일이다. 또 음력 9월 넷째주 일요일에 산소에서 시절향사時節享祀를 올린다.

왕자의 서거와 왕의 슬픔

'영해군寧海君 이당李瑭이 졸했다. 왕이 조회를 정지하고, 부의賻儀, 조제弔祭, 예장禮葬을 전례와 같이 하였다寧海君 瑭卒 輟朝 賻弔祭禮葬如例.'
〈성종 8년 5월 5일〉

왕은 왕족이 숨지면 어떤 예의를 갖출까. 세종오례의에 의하면 애도 의식은 임금의 아들인 왕사에 준한다. 다만 군주의 애도 의식 참여 여부는 왕의 관심도에 따라 결정된다. 왕자가 상을 당하면 예조는 각 기관에 알린다. 왕의 명령을 전하는 액정서掖庭署에서는 애도 공간인 별전別奠을 설치하고, 왕세자와 종친, 대신들이 곡할 자리를 마련한다. 병조에서는 주위 경계에 신경 쓰나 순찰은 평상시처럼 한다. 왕세자와 신하들이 예를 갖추면 임금이 수레를 타고 나와 남향을 한다. 왕세자 이하 신하들이 왕에게 네 번 절한다. 임금은 좌통례의 청에 따라 곡을 한다. 이어 왕세자와 문무백관이 고개를 숙이고 엎드렸다가 일어나며 예를 표한다.

영해군이 43세로 숨지자 성종은 깊이 슬퍼하여 철조輟朝하고 제사와 장례의식에 소홀함이 없도록 했다. 철조는 임시로 조회朝會를 정지하는 것이다. 왕자가 상을 당하면 조회 일시 정지는 3일로 명문화되어있다. 조선의 헌법인 경국대전에는 종성宗姓 기친朞親, 왕자, 전현직 의정議政은 3일, 종성 대공친大功親, 종친 1품, 문무관 1품과 전현직 참찬參贊, 판서判書는 2일, 종성 소공친小功親, 종친 정 2품, 문무관 정 2품은 1일간 각각 철조를 규정하고 있다. 공주와 옹주는 규정이 없으나 성종은 13년(1482) 명숙공주가 숨지자 3일간 조회를 하지 않은 사례가 있다.

성종은 조회를 하지 않았고, 예관을 영해군 사저로 보내 조문했다. 또 쌀과 콩 합계 1백 석, 종이 2백 권, 정포正布 60 필, 백저포白苧布 10 필, 백면포白綿布 10 필, 석회石灰 60 석을 부의賻儀로 내려주었다. 철조 일은 규정이 꼭 지켜진 것은 아니다. 영해군의 동복형인 계양군과 밀성군이 숨졌을 때 왕은 3일간 조회를 열지 않았다. 그러나 역시 영해군의 동복형인 의창군과 익현군의 상 때는 2일간 철조 했다. 이로 보아 철조 기간이 표시되지 않은 영해군 상 때의 조회 중지일은 2일이나 3일로 생각할 수 있다.

성종은 철조와 후한 부의로 정성을 다해 영해군을 추모했다. 또 기록에는 보이지 않지만 왕의 특별한 정성인 철선輟膳도 점쳐 볼 수 있다. 영해군은 신빈김씨의 아들이다. 세종의 후궁 신빈김씨는 두세 살 무렵의 어린 수양대군(세조)을 업어 키우고, 영응대군을 양육했다. 또 그녀의 장남 계양군은 세조의 정권 창출에 크게 이바지했다. 이런 연유로 세조, 예종, 성종 등 역대 왕들은 신빈김씨와 그 소생 왕자들을 극히 예우했다.

상례에서 왕의 지극한 애도는 철선輟膳으로 나타난다. 국왕이 안타까움에 수라의 반찬을 물리치는 행위다. 반찬과 밥을 모두 물리치는 완전한 철선보다는 반찬을 줄이는 감선減膳이나 고기반찬 없는 소선素膳 형태로 이루어진다. 임금은 특별한 종친의 죽음에만 고기반찬을 줄였다. 선왕이나 대비가 승하했을 때다. 또 왕족이나 대신의 죽음에 지극히 비통해하는 경우도 철선을 했다.

계양군이 숨졌을 때, 이복형인 세조는 3일 동안 조회를 중시하고 고기반찬도 물리쳤다. 이때 세조는 건강 악화로 몇 달째 상참常參도 거르던 상황이었다. 상참은 왕이 매일 아침에 각 기관의 참상관 이상 관료들과 편전에서 하는 약식조회다.

계양군은 영해군의 동복형이다. 영해군 하세 2년 뒤 동복형 밀성군도 세상과 이별했다. 이때 성종은 고기반찬을 물리쳐 슬픔을 표했다. 부음을 들은 첫날 승정원에 "오늘은 고기를 올리지 말라"고

전교했다. 승지들은 임금은 천자天子나 제후諸侯의 상에서만 고기를 끊는 예절을 들며 반대했다. 밀성군이 왕의 가까운 친척이지만 수라에서 고기를 끊어 조의를 표하는 대상이 아니라는 것이다. 이에 대해 성종은 "대비大妃께서도 육선肉膳을 거부하신다"며 의지를 관철했다. 대비는 소혜왕후인 인수대비다.

계양군과 밀성군은 신빈김씨 소생 왕자다. 영해군도 그녀의 아들이다. 성종은 전례에 따라 영해군의 상례에 정성을 다하라고 지시했다. 이는 왕자의 상례 규정으로 풀이하는 게 자연스럽다. 그러나 신빈김씨 왕자를 예우한 전례라고 확대해석도 가능하다. 이 경우 왕이 조정의 조회를 중단하고 추모한 경우도 생각할 수 있다.

세종의 자녀들이 함께 받은 시호 안도安悼

"영해군寧海君 이당李瑭이 졸했다. 임금이 조회를 정지하고, 부의賻儀, 조제弔祭, 예장禮葬을 예에 맞게 하였다. 당은 세종의 후궁 신빈 김씨 소생이다. 처음 이름이 장璋이었는데, 뒤에 당瑭으로 고쳤다. 세종 24년(1442) 영해군寧海君에 봉해졌다. 43세에 세상과 이별했고, 시호는 안도安悼다. 다투지 않고 화합을 좋아하는 게 안安이요, 중년에 일찍 숨지는 게 도悼다."

〈성종 8년(1477) 5월 5일〉

영해군의 서거와 왕이 조의를 표하는 바를 적은 성종실록 기사다. 성종은 숨진 종친을 애도하며 안도安悼를 시호諡號로 내렸다. 시諡는 사람의 발자취이고, 호號는 공로의 표시다. 삶의 흔적이 반영된 시호의 대상은 한정되어 있다. 종친, 정 2품 이상 관리(명예직 제외), 공신功臣, 대제학, 학문이 높은 선비, 절의節義로 죽은 인물 등이다. 예조에서 죽은 사람의 내력인 행장을 심사한 뒤 적합하면 시호 후보 3가지를 임금에게 올린다. 이중 왕이 하나를 결정한다. 세종 시대 시법에 규정된 글자는 모두 301자였다.

영해군은 왕자로서 시호를 받았다. 성품이 온화한 왕자는 정치에 관심이 없었고, 화목을 큰 가치관으로 삼았다. 평화로운 삶이었지만 수명이 길지 않았다. 이에 나라에서 다툼을 피하고 화합을 좋아하는 '호화부쟁好和不爭'의 뜻인 안安과 애석하게 일찍 숨진 연중조요年中早夭를 담은 도悼를 시호로 내렸다.

그런데 세종의 자녀 3명이 안도安悼를 시호로 받았다. 세종의 13남 수춘군과 세종의 부마 심안의沈安義가 이미 안도를 시호로 받았다. 세종과 혜빈양씨 소생인 수춘군은 25세이던 단종 3년(1455)에 짧은 생애를 마쳤다. 세종과 숙원이씨 소생인 정안옹주의 배필 심안의도 성종 7년(1476)에 39세로 유명을 달리했다. 영해군에게 수춘군은 형이었고, 정안옹주는 동생이었다. 왕자의 형제가 같은 시호를 받는 것은 일반적이지 않다. 그러나 상황이 맞으면 받기도 했다.

성종은 7년 3월에 세종의 부마 심안의에 이어 2개월 후인 5월에는 효령대군 아들 원천군原川君 이의李宜에게 같은 시호 안도를 내렸다. 조선 후기 학자인 후암厚菴 이만운李萬運이 쓴 시호고諡號考에는 같은 시호가 가족에게 하사된 사례가 소개돼 있다.

"고려 때 평장사平章事 허백許伯과 전리판서典理判書 허금許錦은 할아버지와 손자祖孫로서 시호를 모두 문정文正으로 받았다. 고려 때 좌복야左僕射 정목鄭穆과 지추밀사知樞密事 정항鄭沆은 아버지와 아들 父子로서 다 같이 문안文安을 시호를 받았고, 정당문학政堂文學 안석安碩과 정당문학 안보安輔도 아버지와 아들 사이인데 시호가 각각 문경文敬이었다. 역시 부자지간인 제양백濟陽伯 고경高慶과 간의동지諫議同知 고용현高用賢는 문영文英이었다. 형제 사이인 고려 때 여흥군驪興君 민변閔忭과 조선의 좌의정左議政 민제閔霽의 시호도 안도安悼였다.

조선의 왕족에서도 같은 상황이 보인다. 세종의 왕자인 수춘군壽春君 현玹과 영해군寧海君 당瑭이 안도安悼를 같이 받았다. 효령대군 아늘인 서원군瑞原君 친寴과 낙안군樂安君 영寧은 이안夷安을 같이 받았다. 중종 왕자인 해안군海安君 희㟓와 덕양군德陽君 기岐의 시호도 각각 정희靖僖다. 또 판윤判尹 신균辛均 형제의 시호는 호이胡夷다. 이같은 사례는 일일이 열거할 수 없이 많다."

영해군 사당 남원의 소덕사

영해군의 묘는 서울시 도봉구에 있다. 그런데 영해군의 사당인 소덕사昭德祠는 전북 남원의 매안이(전북 남원시 사매면) 대신리 상신에 있을까. 영해군과 임천군부인 평산신씨의 신주를 모신 소덕사는 부조묘不祧廟다. 신주는 본래 4대가 지나면 사당에서 꺼내 땅에 묻는다. 그러나 나라에 공훈이 있는 사람 신위는 왕의 허락으로 영원히 향사를 올린다. 이것이 부조묘이고, 불천지위不遷之位다.

소덕사는 충남 공주에 거주하던 예조판서 이덕일 종손가에서 세우고, 봉사奉祀를 해왔다. 영조대왕 때 호서관찰사를 지낸 영해군 11대손인 좌의정 이창의가 신주를 모신 사우祠宇를 중건했다. 또 그의 동생 문헌공 이창수가 제사를 지낼 수입원인 제전祭田을 설치하고, 녹봉祿俸 300냥을 종손가에 희사했다. 고종 때인 1894년에 사우가 불탔고, 기본자산도 탕진됐다. 이에 신주를 다른 곳에 봉안하였으나 생활고로 인해 근근이 봉사했다. 조선이 멸망하자 15대 종손 이중기는 신주를 모시고, 논산을 거쳐 남원시 사매면 대신리에 정착했다.

이 지역은 영해군의 차남 길안도정의 큰아들 시산군 자손의 집성촌이다. 신주를 종각宗閣에 모시고, 자손이 항렬과 연령순으로 봉사했다. 15대손 이용기가 제사 용도의 농지 6두락을 헌납하고, 제헌의원 이정기는 삼칸 1동을 건립하여 중간 대청에 신주를 봉안했다. 양위 기신제와 설과 추석 차례를 봉행하게 되었다. 1958년에는 사우를 신축하여 신주를 사당에 봉안하고, 제답 25두락을 사들였다. 그 수입으로 1년에 4차례 향사를 봉행한다.

영해군 사우 봉건기 寧海君 祠宇 奉建記

    나라에는 왕자와 현인, 도덕과 공로, 절의가 있는 사람의 사당을 세워 모시고 영원히百世 옮기지 않는 법도가 있다. 이 예절은 세상 사람에게 만물의 근본이 하늘이듯, 사람의 뿌리는 조상에서 시작되는 의리를 알게 하기 위함이다. 또한 그 근본에 보답토록 함이니 어찌 아름답고 성함이 아니겠는가. 우리의 파시조派始祖 영해군은 세종대왕의 18왕자 중 열일곱 번째 아드님으로 휘는 당瑭이다. 덕이 넘쳤으나 중년에 세상과 이별하시니, 벼슬의 품계는 소덕昭德이요, 시호는 안도安悼요, 증직은 종친부의 으뜸인 영종정경領宗正卿이시라네.

    충남 공주에 살던 종손 예조판서(휘 덕일)가 사당을 설치하여 여러 세대, 오랜 기간에 걸쳐 삼가 제사를 받들었다네. 숙종 연간에 사당 규모의 소박함에 마음 아파하던 11대손 익현공(휘 창의)이 호서관찰사 시절에 정성을 다해 새로운 사우를 창건했다네. 같은 자손 문헌공(휘 창수)은 위토인 제전祭田을 설치하고, 녹봉 중 삼백냥을 종손가에 기탁해 향화가 안정적으로 밝혀지도록 했다네. 같은 자손 세마 공(휘 창현)은 두 공公의 아름다운 일을 기록하여 후세에 길이 전하게 하였다네. 글귀에는 두 공의 어짊과 성덕이 담겨 있는데, 아, 지극히 슬프도다!

1894년 동학농민전쟁 때 사당이 불타고 재물도 탕진되어 신주를 다른 곳에 모시고 겨우 봉사하였다네. 설상가상, 1910년 대한제국이 역사 속으로 사라지니, 15대 종손 중기가 통분함에 마음을 추스르지 못했다. 어느 날 신주를 받들고 개연히 남하하여 남원 매안에 거처를 마련하니, 이곳은 문민공 후손들이 사는 마을이라. 신주를 종손의 궁색한 집에 임시방편인 권도權道로 봉안하고 제사를 받드니, 후손들의 마음이 처창함과 두려움과 서러움뿐이었다네.

1947년에 15대손 용기가 위토답으로 6두락을 헌납하여 그 수입으로 기신제와 봄, 가을 차례를 겨우 모시는 형국이라. 이에 같은 자손 정기가 삼간 집 한 채를 건축하니 가운데는 대청이요. 좌우는 방이라! 가운데 대청 절반을 나누어 신주를 봉안한 지 12년이 되었다. 익현 문헌 양공兩公과 용기 정기 양군兩君의 지극한 정성은 뿌리를 잊지 않음이라 할 것이로다.

단군기원檀君紀元 4291년 10월에 사우 신축을 위한 종중회의를 개최하니, 경향각처의 자손들이 오직 근본을 생각하는 마음으로 정성을 모았네. 남원읍 북쪽 이십리 계산 아래 옛 건물 후면에 사우터를 정하고, 덕행이 높은 자손에게 역사를 주관하게 하니 서울에는 석영이요, 시골에는 금기 백수 달수 석봉이라. 자손들은 감히 그 소임을 소홀히 하지 않고 성실과 노고를 다하였도다. 1958년 11월에 착공하여 이듬해 1959년 7월 준공하였네. 새로운 마루대 새 나는 듯 건물이 우뚝하니 감히 태만을 말할 것인가. 이제부터 위에 계신 양양한 영혼 거의 편안하시오며, 후손들 효를 생각하는 도리 적게나마 만에 일을 폄이라 슬프다.

영해군 후손에는 명현과 충신과 절의와 문장과 도덕의 면류관이 서로 연하였는데, 지금 마르고 뜸하니 어찌 안타까운 일이 아니겠는가. 시전에 이르지 않았던가. 군자 그 어버이를 생각하면 그 몸을 공경하고, 그 몸을 공경하면 그 덕이 나아가고, 그 덕이 나아가면 신령이 복을 내리나니! 효의 사상을 길이 말하노니, 효의 사상을 오직 본받으라 하였으니, 어찌 힘쓰지 않으리오. 무릇 자손 되어 사당집을 참배한 자라면 조상의 경사를 쌓고 복지를 쌓은 성한 덕을 어찌 잊으리오. 그 친함으로 인하여, 그 생각을 넓히면 흥기하지 않으리오. 그 아름다움을 보아 서로 권하고 경계함을 계속하여 선대의 법에 누가 됨이 없으면 춘추에 빛나나 썩지 않으리라.

교정은 본이 용탑하고 또한 문사 부족한데 항렬이 높고 나이 늙

음으로써 여러 의론이 사실 기록을 위촉하니, 의리에 사양할 수 없다네. 혼모한 가운데 삼가 사우의 유래와 밑 신축의 전말을 기록하여 고증이 되게 한다. 훗날 이를 보는 후손으로 하여금 더욱 더 힘써 나가도록 함이라.

단군기원 4292년(서기 1959) 가을

영해군 14대손 교정 삼가 쓰다.

4장
부왕 세종대왕

세종대왕의 꿈

　세종대왕은 조선 건국 후 태어난 첫 왕이다. 세종은 새 나라 조선이 세워진 1392년에서 5년이 지난 1397년 5월 15일(음력 4월 10일) 한양의 준수방에서 고고성呱呱聲을 터뜨렸다. 아버지는 태종이고, 어머니는 원경왕후다. 당시 태종은 왕자 정안군이었고, 원경왕후는 왕자의 부인 신분이었다.

　1418년 6월에 왕세자로 책봉된 세종은 그해 8월에 조선의 제4대 왕으로 즉위했다. 왕은 승하한 1450년까지 32년간 재위했다. 세종이 다스린 시기는 우리의 전통시대 역사에서 가장 빛났다. 연구기관인 집현전에서 수많은 인재가 양성되고, 국가적인 관심 속에 방대한 편찬사업이 이루어졌다. 각종 의례와 제도가 정비되고, 유교정치의 이상적인 기반이 구축됐다. 국방을 튼튼히 하고, 북방에 사군 육진을 개척해 국토를 넓혔다. 과학기술, 의학과 약학, 음악, 법률 등 사회 각 분야에서 비약적인 발전을 이뤘다. 특히 훈민정음 창제는 애민愛民 정치의 정점이라고 할 수 있다. 훈민정음 창제로 상류층에 독점되던 정보를 일반 백성에게 널리 확산시킬 수 있었다. 쉽게 읽고 쓸 수 있는 훈민정음은 전통 개념의 소통 시대를 가능하게 했다.

왕은 승하 후 부왕 태종이 휴식처인 헌릉의 서쪽 자락에 능이 조성됐다. 1446년(세종 28년)에 소헌왕후가 승하하자 당시 광주廣州인 서울시 서초구 내곡동 헌릉 경내에 쌍실의 능을 만들었다. 2년 뒤 승하한 세종은 소헌왕후와 함께 영면에 들어갔다. 세종과 소헌왕후를 모신 영릉英陵은 1469년(예종 1년) 여주로 천장됐다.

세종은 18남 4녀를 두었다. 소헌왕후 소생은 문종 세조 안평대군 임영대군 광평대군 금성대군 평원대군 영응대군 정소공주 정의공주 등 8남 2녀가 있다. 영빈강씨가 화의군을 두었고, 신빈김씨는 계양군 의창군 밀성군 익현군 영해군 담양군 등 6남을 낳았다. 혜빈양씨는 한남군 수춘군 영풍군 등 세 아들을 생산했다. 숙원이씨가 정안옹주, 상침송씨가 정현옹주를 출산했다. 세종의 후손은 약 100만 명이다.

4장. 부왕 세종대왕

세종대왕과 10가지 이름

　세종대왕의 알려진 이름은 모두 열 가지다. 왕에게 연관된 이름은 태명胎名, 아명兒名, 원명原名, 자字, 호號, 존호尊號, 묘호廟號, 시호諡號, 전호殿號, 능호陵號를 생각할 수 있다. 태명은 임신 중에 짓는 이름이고, 아명은 유아기나 어린 시절에 부른 호칭이다. 원명은 관례 때 짓는 이름으로 일반인의 관명冠名에 해당한다.

　국왕은 왕세자로 책봉될 때 원명을 받는다. 원명으로 조선의 사당인 종묘에 책봉 사실을 고한다. 호나 자는 성인의 이름을 함부로 부르는 것을 꺼리는 문화와 연관 있다. 호는 자신을 비롯하여 윗사람이나 아랫사람이 모두 지을 수 있다. 반면에 자는 윗사람이나 같은 반열의 사람이 지어 준다.

　존호는 국왕과 왕비만 받을 수 있다. 경사스러운 일이나 축하할 일의 덕을 높이기 위한 이름이다. 임금과 왕후를 높이는 존호는 묘호나 시호 모두가 해당한다. 그러나 시간이 흐르면서 사후에 받는 이름인 묘호, 시호와 엄격하게 구분되었다. 임금의 덕을 칭송하는 칭호인 존호는 원래의 것에 추가하는 예가 많았다. 임금이 생전에 더하면 가상加上이라고 하고, 사후에 더하면 추상追上이라고 한다. 존호는 네 자, 또는 여덟 자이다. 묘호는 임금이 승하 후 신주를 사당인 종묘에 모실 때 부여하는 이름이다.

시호는 임금 승하 후, 생전의 삶을 반영하여 정하는 데 두 가지다. 하나는 조선의 신하들이 올리는 것이고, 또 하나는 중국에서 전해온 것이다. 조선에서 올린 시호는 옥책과 금보로 제작한 반면에 명나라 청나라에서 보내온 시호는 옥책에 표시하지 않았다. 전호殿號는 국왕이나 왕비 승하 후 발인 전까지 위패를 모신 빈전殯殿이나 삼년상을 치르는 동안 신주를 모신 혼전魂殿을 일컫는다. 능호는 왕이나 왕비의 무덤인 능의 이름이다.

세종대왕은 아명, 원명인 휘諱, 자, 시호, 명나라에서 온 시호, 묘호, 전호, 능호 등 8개의 이름이 확인된다. 세종의 아명은 막동莫同이다. 세종의 아명은 모후인 원경왕후의 증언으로 확인된다. 제2차 왕자의 난인 박포의 난 때 원경왕후 민씨는 남편인 정안군(태종)이 숨진 것으로 잘못 판단한다. 정안군이 탔던 말이 화살을 맞은 채 주인이 없이 혼자 돌아왔기 때문이다. 이에 원경왕후 민씨는 싸우다 죽을 요량으로 전투현장으로 가려고 한다. 시녀 5명의 만류를 뿌리치고 거리로 나온 원경왕후는 남자 하인들의 제지로 싸움터로 가는 것을 멈추고 전황을 파악했다. 이날의 조선왕조실록 기록에 세종의 아명이 나온다.

"이웃에 사는 정사파淨祀婆라는 사람이 왔다. 부인이 그에게 말했다.
'새벽녘 꿈에 내가 신교新敎의 옛집에 있는데, 태양太陽이 하늘에 솟았고, 아기 막동莫同이가 해 바퀴 가운데에 앉아 있었으니, 이것이 무슨 징조인가?'
정사파가 판단하여 아뢰었다.
'공公이 마땅히 왕이 되어서 항상 이 아기를 안아 줄 징조입니다.'
부인이 말했다.
'그게 무슨 말인가? 그러한 일을 어찌 바랄 수 있겠는가?'
곧 정사파는 자기 집으로 돌아갔고, 이때에 이르러 정사파가 이겼다는 소문을 듣고 와서 고하니, 부인이 그제야 돌아왔다."
〈정종 2년 1월 28일〉

세종의 원명인 휘는 도祹다. 왕의 후보군인 왕자의 휘는 외자로 짓는 게 관행이다. 왕의 휘에 포함된 글자, 국호, 연호 등에 들어간 한자는 생활용어로 피한다. 이 같은 풍습이 '피휘避諱'다. 이에 왕실에서는 생활의 불편을 줄이고자 왕자의 이름을 외자로 짓고, 실용에서 거의 쓰지 않는 한자를 택했다. 때로는 음을 다르게 읽고, 새롭게 조어도 했다.

세종의 원명인 휘는 '옷소매 도裪'와 '복 도祹'로 의견이 나뉘고 있다. '도'자의 변이 기록마다 옷 의衣와 보일 시示로 차이가 나기 때문이다. 숙종 7년(1681) 간행된 왕실 족보인 선원계보기략璿源系譜記略에는 옷 의衣 변으로 나온다. 세종의 형인 효령대군도 옷 의衣와 보일 시示 변이 같이 보인다. 효령대군 이보李補와 세종도 보일 시示 변과 옷 의衣 변에 대한 논란이 있다. 성녕대군 이종李褈은 보일 시示가 들어있지 않다. 반면에 세종의 나머지 9형제인 양녕대군, 경녕군, 함녕군 등은 모두 보일 시示 변이다.

따라서 세종의 휘에는 복을 뜻하는 보일 시示 변이 채택됐으나 옷 의衣로 필사의 오기가 됐을 수도 있다. 그러나 낯선 단어를 만들고자 하는 왕실의 의도를 감안하면 옷 의衣를 배재할 수도 없다. 이를 감안하면 '도'자의 정확한 변수는 알기 힘들고, 다만 '도'라는 이름이 확실할 뿐이다.

자는 원정元正이다. 아버지 태종은 18년 6월 18일 '원정'이라는 자를 아들에게 내렸다. 아들을 세자로 임명한 지 보름 만에 준 이름으로 의미가 무척 깊다. 원정은 깊은 사려와 빼어난 분별력, 바른 행위로 주위로부터 몸과 마음으로 공경받았음을 뜻한다. 태종은 셋째 아들인 충녕대군을 세자로 선택할 때 다음과 같은 말을 했다.
"총명하고 학문을 좋아하여 덕망이 날로 높아지니 사람들의 마음을 사로잡았다."

이 같은 의미를 담은 것이 원정이다.

진호는 휘덕전輝德殿이다. 창덕궁의 휘덕전은 먼저 승하한 소헌왕후에 세종대왕의 신위神位를 봉안한 혼전이다.

명나라에서 전한 시호는 장헌莊憲이다. 각기 풀어보면 최고의 찬사임을 알 수 있다. 장莊은 엄숙과 공정으로 백성에게 임하고, 외적을 정벌해 위엄을 더했다는 의미다. 헌憲은 덕에 덕을 쌓고, 선에 선을 행하고, 총명과 예지가 높으니 현명함이 빛났다는 뜻이다. 명나라에서 전한 시호도 최고의 찬사임을 알 수 있다.

사후에 받은 존호는 영문예무인성명효대왕英文睿武仁聖明孝大王다. 조정에서 올린 시호에서는 임금의 성스럽고 높은 업적을 찬미하고 있다. 존호인 영문예인성명효의 각 뜻을 현대어로 되살려본다. 세종대왕 제향 때 해설문에 소개된 풀이는 다음과 같다. 풀이는 이상주 세종대왕신문 발행인이 했다.

- 영英 : 세상에서 으뜸을 의미한다. 걸출한 능력과 깊은 애정, 덕으로 백성을 보살핀 큰마음을 의미한다. 여주 세종대왕릉의 명칭이 영릉인데 이는 최고의 예우를 갖췄음을 보여준다. 조선 후기의 영조는 평소 "내가 죽으면 영英 자의 묘호를 얻으면 좋겠다"고 말하곤 했다. 영이 가장 뛰어남을 의미하기에 영광스러운 글자로 받아들였다.
- 문文 : 명민한 두뇌로 학문을 닦고, 이치에 맞는 베풂으로 천하를

넉넉하게 한 때에 쓴다.
- 예睿 : 성스러운 지혜와 슬기로운 기품이 크게 뻗치고, 깊은 지식의 경지에 이르렀음을 뜻한다.
- 무武 : 강직함과 굳센 의지를 표상한다. 단순한 힘이 아니라 순리와 위엄 넘치는 덕이라는 깊은 의미가 있다. 세종은 북방의 여진과 남쪽의 왜인을 제압했기에 무를 썼다.
- 인仁 : 예를 바탕으로 한 의로움과 자애로움이다. 세종은 덕과 예로써 인재를 귀히 여기고 백성을 어여삐 여겼다. 인의 정치를 했다.
- 성聖 : 선한 기운을 널리 퍼지게 한 군주에 대한 칭호다. 임금은 예를 후하게 하고, 배려와 관심으로 백성을 사랑하였다.
- 명明 : 창조 정신이다. 이는 예지력이 있어야 가능하다. 요즘의 창의성이다. 다름과 다름에서 새로움을 찾아내 나라를 더욱 발전시킨 공로가 있다.
- 효孝 : 바른 공경을 의미한다. 건국의 큰 뜻을 계승해 동방에 밝게 빛나는 나라를 만든 업적을 기리는 글사다.

묘호는 세종이다. 세종世宗은 나라를 세우거나 문화, 경제적인 면에서 나라를 크게 중흥시킨 군주에게 이름 붙여진다. 학문적 깊이와 인간미, 강력한 군사력까지 보유한 임금의 상징이 세종이다. 세종의 능호는 영릉英陵이다. 가장 빼어남을 뜻하는 꽃부리 영英은 바른 덕德과 화합和의 어우러진 모습應이 담겨 있다. 훗날 영조는 묘호나 능호로 영英을 받기를 원했다. 이를 안 손자 정조는 할아버지 묘호를 영조英祖로 했다.

왕자의 금기어, 아버지

"너는 15세 이전에는 나를 임금님이 아닌 아버지로 불러라."

〈영응대군 신도비〉

세종은 사랑하는 왕자와 공주들에게 끝내 허용하지 않은 게 있다. '아버지' 호칭이다. 영해군은 세종을 아버지라고 부르지 못했다. 이는 왕실의 법도였다. 임금은 하늘의 명을 받아 백성을 다스리는 성스러운 존재다. 만백성의 어버이다. 한 사람의 남편, 한 사람의 아버지일 수가 없다. 따라서 임금에게는 가족과의 사생활이 없다. 순수한 의미의 사적인 공간이 허용되지 않는다. 정무를 마친 뒤, 가족과의 시간도 통치의 연장이었다. 자녀를 생산하는 일마저 나라와 왕실의 번영 차원에서 이해되었다. 임금의 사생활이 없음은 호칭에서도 나타난다.

공주와 왕자는 임금을 공식 석상에서 '아버지'라고 부르지 못한다. 이들은 자식이기에 앞서 신하다. 백성은 군주를 임금님이나 주상, 성상, 전하 등으로 호칭한다. 왕자와 공주도 신하의 의례에 따랐다.

한중록을 쓴 혜경궁홍씨가 열 살에 시집왔을 때다. 남편인 동갑내기 사도세자가 몸을 움츠린 채 '전하, 전하'를 외치는 모습을 보았다. 아버지를 아버지라고 하지 못하고, 두려운 마음에 전하라고 하는 남편에게서 측은지심을 느낀다. 사도세자는 뒤주에 갇혀 죽음을 기다리는 절박한 상황에서 아버지와 임금의 합성어인 '부주父主'를 사용했다. '부주시여, 살려주소서!'라고 절규했다.

세종 시대에는 '주상主上'과 함께 '진상進上'이라는 표현이 쓰였다. 왕실 가족은 임금과 왕비를 진상으로 표현했다. 세종과 소헌왕후 사이의 막내가 영응대군이다. 늦은 나이에 얻은 막내에게는 특별한 정이 간다. 서른여덟 살에 영응대군을 본 세종은 무한 애정을 쏟았다. 항상 무릎 위에 앉히고 즐거워했다. 맛난 음식은 반드시 막내아들이 먹은 뒤 입에 댔다. 궁밖에 출행 때에는 반드시 데리고 다녔으며 궐내에서도 잠시도 떨어져 있지 않았다. 용모가 수려하고, 성품이 순후 총명한 그에게 호화저택을 선물하고, 왕실의 귀중품을 선물로 주려고 했다. 왕의 승하 장소도 영응대군의 저택인 동별궁이었다.

왕은 막내아들이 일곱 살이 되자 대군의 작위를 내리고, 열한 살

때 혼인을 시켰다. 왕자는 혼인과 함께 궁을 나선다. 대궐에 세자 외의 장성한 왕자나 능력 있는 왕자가 머문다면 후계 구도에 이상이 생길 가능성이 있다. 이를 염려한 조선은 왕자를 열 살 안팎에 짝을 짓게 해 출궁시킨다. 이에 비해 왕위 계승권이 없는 공주는 열네댓 살에 혼인하는 게 보편적이다. 영응대군도 혼인과 함께 대궐을 나서야 했다. 이미 임금은 신하들의 반대에도 불구하고 아들을 위해 규정을 무시한 호화주택을 지었다. 그러나 계속 궐 밖으로의 이사를 차일피일 미루게 했다. 이와 함께 파격적인 호칭도 지시했다. 다른 왕자들은 임금을 '진상進上'이라 불렀다.

그런데 영응대군에게는 "15세 이전에는 나를 아버지라 부르라. 어머니에게도 진상으로 하지 마라"고 했다. 영응대군의 신도비에는 '미상경각상사선시제왕자재궁중상칭未嘗頃刻相舍先是諸王子在宮中常稱 상왈진상지어대군즉上曰進上至於大君則 교왈여년십오세이전호아이부모왈진상敎曰汝年十五以前呼我以父母曰進上 가야기견애중류여차可也其見愛重類如此' 구절이 있다. 기존 해석은 다음과 같았다.

"이에 앞서 모든 왕자는 궁중에서 주상을 진상進上이라 불렀다. 그런데 임금은 대군에게는 전교하기를 '너는 나이 15세 이전에는 나를 아버지라 부르고, 어머니만은 진상進上이라 부름이 좋을 것이다'고 하였으니 사랑받음이 이와 같았다."

영응대군 신도비는 연산군 4년(1498)에 세워졌고, 비문碑文은 도승지 임사홍이 지었다. 그러나 현재의 비문은 마모되었다. 신도비 내용은 족보에 근거한다. 영응대군 족보는 세 종류가 있다. 족보마다 세종대왕의 말씀 중 한 자가 다르다. 어느 족보는 '敎曰汝年十五以前呼我以父母曰進上'인데 비해 다른 족보는 '敎曰汝年十五以前呼我以父毋曰進上'이다. 어미 모母와 말 무毋가 혼용돼 있다.

최근 영응대군파종회에서는 당시 상황으로는 모母가 아닌 무毋의 타당성에 공감하고 있다. 고전 인문학자인 이승창 성균관 부관장도 "족보에 새겨진 글이 다르면 당시 상황을 살펴야 한다. 임금이 아들에게 아버지 호칭을 허용하면서 어머니 호칭을 불허하는 것은 생각하기 어렵다"는 의견을 보였다. 즉, 신도비의 원문은 무毋의 가능성을 더 높게 본 것이다. 이 경우 해석이 달라진다. '15세 이전에는 나를 아버지라고 부르고, 진상이라고 말하지 말라'는 의미가 된다. 이는 왕비에게도 어머니 호칭을 허용한다는 의미가 담겨 있다.

글자에 따라 어머니에 대한 호칭 해석은 달라진다. 그러나 분명한 것은 아버지는 호칭하게 한 점이다. 이는 왕의 영역이 아닌 아버지로서 아들을 대하겠다는 의미다. 막내아들에게는 조선의 법도를 뛰어넘은 자연인 아버지를 선언한 것이다. 호부 호형하지 못하는 조선 왕실의 홍길동인 왕자와 공주. 그러나 영응대군은 아버지의 지극한 사랑으로 아버지를 부른 행운아였다.

영응대군은 궐에서 자라며 많은 귀여움을 받았다. 영해군도 궐 안에서 자라며 사랑을 듬뿍 받았다. 두 왕자는 모두 신빈김씨에 의해 양육됐다. 신빈김씨는 영응대군에게 마음의 어머니이고, 영해군에게는 낳아주신 어머니다. 그런데 세종의 18왕자 중 단 한 명인 영응대군만 아버지를 호칭할 수 있었다. 아버지를 부를 수 있는 특별한 혜택은 영해군에게는 주어지지 않았다. 영해군도 다른 형제들과 마찬가지로 세종을 아버지가 아닌 '진상'으로 호칭했다.

5장
어머니 신빈김씨

적덕積德의 여인인가!
신데렐라 여인인가!

　신빈김씨愼嬪金氏(1406~1464년)는 세종의 후궁이다. 본관은 청주로, 아버지는 김원이고 어머니는 삭녕고씨다. 세종 즉위년에 13세의 나이로 입궁, 원경왕후에게 발탁돼 중궁전에서 근무했다. 신빈김씨는 6남 2녀를 두었다. 왕자는 계양군桂陽君 이증李璔, 의창군義昌君 이강李玒, 밀성군密城君 이침李琛, 익현군翼峴君 이관李璭, 영해군寧海君 이당李瑭, 담양군潭陽君 이거李璖이며, 옹주 2명은 일찍 숨졌다. 세종 승하 후 비구니가 되었다. 단종과 세조가 환속을 권유했으나 듣지 않았다.

　신빈김씨의 6왕자 2옹주 생산은 조선 왕실 다산 4위의 기록이다. 공동 1위는 세종의 정비인 소헌왕후와 성종의 후궁 숙의 남양홍씨다. 소헌왕후는 8남 2녀, 숙의 남양홍씨는 7남 3녀를 각각 두었다. 또 태종의 후궁 신빈신씨도 3남 7녀(근녕군 포함)를 두었다. 신빈김씨는 21세이던 1426년에 장녀長女를 낳았다. 1427년에 장남 계양군을 출산하고, 1428년에 의창군을 낳은 뒤, 내명부 정삼품 소용昭容 작위를 받았다. 1430년에 차녀次女를 낳고, 1431년에 밀성군을 얻었다. 1432년에 넷째 익현군을 낳았다. 21세부터 26세까지 무려 6년 연속 자녀를 생산했다.

1433년에 종 2품 숙의淑儀에 봉封해지고, 1434년에 정 2품 소의昭儀로 봉封 되었다. 1435년에 영응대군의 유모가 되고, 1436년에 다섯째 왕자 영해군을 낳았다. 1439년에 막내 담양군을 낳고 종 1품 귀인貴人이 되었다. 1444년에 42세歲로 정 1품 빈嬪에 올랐다. 작호는 '신빈愼嬪'이다. 권속이 된 후 세종의 권애가 날로 융숭하게 높아졌다. 근신한 삶으로 명예가 계속됐다.

신빈김씨 신도비문은 세조 11년(1465)에 괴애乖崖 김수온金守溫이 지었다. 김수온의 식우집拭疣集에 신빈김씨의 비문이 누락 되었으나 종반행적宗班行蹟 사권四卷에 실려 전하고 있다. 생졸 봉작 행적이 뚜렷한 역대 후궁 중 맨 앞에 수록되었다.

어려서부터 아름답고 총명하던 그녀는 12세에 궁에 들어갔고, 13세에 태종의 왕비인 원경왕후에게 발탁돼 세종을 섬겼다. 소학과 한글에 능하고 궁중 예법이 몸에 익은 그녀는 품계가 거듭 올랐다. 늘 근신하고, 덕과 예가 생활화된 그녀는 세종의 승하를 지킨 유일한 여인이다. 신빈은 세종 승하 후 머리를 깎고 계구를 받아 자수궁에 기거했다. 또 세종과 소헌왕후의 명복을 빌기 위해 묘적사 중창을 시작했다. 묘적사는 신빈김씨의 아들인 밀성군의 시주로 완공됐다.

세종의 후궁인 그녀는 왕비인 소헌왕후로부터도 절대적인 신뢰를 받았다. 신빈김씨는 소헌왕후의 막내인 영응대군을 양육했다. 이에 세종은 영응대군에게 동별궁을 지어주면서 신빈김씨를 어머니로 모시고 살도록 했다. 세조 때도 우대받던 신빈김씨는 1464년 음력 9월 4일 59세를 일기로 타개했다. 묘는 경기도 화성시 남양읍 남양리에 있다.

신빈김씨는 흔히 신데렐라 여인으로 알려져 있다. 어여쁜 용모와 총명함, 부드럽고 선한 인성, 어린 시절 입궁, 민족 최고의 성군인 세종의 지극한 사랑 등 스토리 요소가 많은 덕분이다. 그런데 신데렐라는 하루아침에 신분이 변한 여성을 일컫는다. 이에 비해 신빈김씨는 수십 년 동안 올바름善을 쌓아 복을 받은 인물이다. 따라서 신빈김씨의 후손들은 '신데렐라 여인'이 아닌 '적덕의 여인'으로 표현하고 있다.

신빈김씨 생애 愼嬪金氏 略史

순서	일자	내용
1	1406년(태종 6) 7. 12	첨지중추원사 김원僉知中樞院事 金元의 따님으로 탄생
2	1418년(태종 18)	입궁入宮(13세)
3	1428년(세종 10)	소용昭容(정3품/23세)
4	1432년(세종 14)	숙의淑儀(종2품/27세)
5	1433년(세종 15)	소의昭儀(정2품/28세)
6	1439년(세종 21)	귀인貴人(종1품/34세)
7	1477년(세종 29)	빈嬪(정1품/42세)
8	1464년(세조 10) 9.4	졸쭈(59세)
9	1465년(세조 11) 5.20	신도비 입석神道碑 立石

백마 탄 왕과 신비의 여인

"고금으로 궁인宮人의 세계에는 본래 귀천이 없었다. 노래하던 아이를 궁중에 들인 자도 있고, 일찍이 남을 섬기다가 궁중에 들어온 자도 있었다. 소의(신빈)의 계보는 비록 천하지만 겨우 나이 열셋에 궁중에 들어왔으니 일신의 부덕婦德은 바른 것이었다."

〈세종 21년(1439) 1월 27일〉

궁녀가 왕으로부터 성은을 입을 가능성은 얼마일까. 생산직 여직원이 재벌 총수를 만나 결혼할 가능성은 어느 정도일까. 확률은 비슷하다. 조선 500년사에서 후궁은 100여 명이다. 이중 간택 후궁 30여 명이 있다. 궁녀는 세종 때 100명에 미치지 못했으나 조선 후기에는 600명에 육박한다. 이를 단순화하면 5년에 1명꼴로 궁녀가 후궁으로 신분이 상승 된다. 1년 동안 근무하는 궁녀는 약 500명이다. 큰 흐름으로 보면 궁녀가 1년 안에 후궁이 될 확률은 1/2500이다. 이는 재벌 총수가 산업현장의 여성 근로자를 만나 사귄 뒤 결혼할 가능성과 큰 차이가 없다. 궁녀가 후궁이 되는 일은 인생 로또 당첨만큼 어려웠다.

영해군의 어머니 신빈김씨愼嬪金氏는 성군 세종의 사랑을 듬뿍 받았다. 더욱이 소헌왕후로부터도 믿음을 샀고, 친자는 물론 중전 소생의 왕자들로부터도 우대를 받았다. 왕자를 6명이나 낳았고, 직위도 후궁 중 가장 높은 빈까지 올라갔다. 59세까지 평탄하고 행복한 삶을 산 그녀는 사후에도 영광이 계속된다. 그녀 소생인 밀성군을 비롯하여 영해군과 담양군 후손이 조선 최고 명가를 형성한다. 조선의 왕은 소헌왕후 소생인 세조 후손으로 이어졌고, 전주이씨 핵심 가계는 밀성군파로 내려왔다. 또 영해군과 담양군 후손도 활발하게 활동했다.

전주이씨는 124세파가 있다. 이 중에 문형(대제학) 3명과 정승 6명을 낸 밀성군파는 단연 으뜸으로 인정된다. 조선시대 양반의 상징어는 연리광김延李光金 풍홍달서豊洪達徐다. 연안이씨와 광산김씨가 대제학을 7명씩 낸 덕분이다. 전주이씨도 대제학을 7명 배출했다. 전주이씨에서는 1)밀성군(6정승 3문형), 2)덕천군(1정승 3문형), 3)광평대군(3정승), 4)선성군(2정승), 5)효령대군(1정승상)으로 흔히 말한다.

신빈김씨의 입궁은 정국 변화로 이루어졌다. 양녕대군이 폐세자

되고 충녕대군이 세자가 된 뒤 52일 만에 등극했다. 나라에서는 새로운 왕과 왕비를 모실 궁녀를 대규모로 선발했다. 이때 내자시에서 근무하던 13세 소녀가 발탁이 됐다.

"소의昭儀 김씨金氏로 귀인貴人을 삼았다. 애당초에 임금이 도승지 김돈金墩에게 이르기를, 소의昭儀는 본래 내자시內資寺 여종婢이었으나, 무술년에 내가 처음으로 즉위하였을 때에 모후母后께서 뽑아 중궁으로 보내었고, 그때의 나이는 13세였다. 천성이 부드럽고 아름다워 양궁兩宮을 섬기는 데 오직 근신했다."

〈세종 21년(1439) 1월 27일〉

빼어난 미모에 총명하고 예의 바른 그녀는 내명부를 총괄하던 원경왕후 눈에 띄었다. 원경왕후는 심성이 고운 소녀를 며느리인 소헌왕후의 지밀나인으로 배치했다. 지밀나인은 왕이나 왕비와 생사를 같이하는 최측근이다. 궁마다 20여 명이 소속된 지밀나인은 근무 동선은 영의정도 묻지 못한다. 왕과 왕비의 안위, 즉 나라의 운명과 관련된 근무이기 때문이다. 따라서 지밀나인은 총명하고 믿을 만한 궁녀만이 뽑힌다. 후궁 중의 다수는 지밀나인 출신이다. 임금을 가까이에서 뵐 수 있는 위치 덕분이다. 13세 소녀는 두 살인 수양대군을 살뜰하게 보살폈다.

당시 소헌왕후는 큰아들인 문종과 갓 태어난 안평대군에게 관심을 더 기울였다. 수양대군은 본능적으로 사랑을 구하며 보챘고, 소녀가 어르고 안아줬다. 훗날 세조가 신빈김씨를 지극하게 예우하고, 신빈 소생 왕자들을 우대한 것은 이 같은 연유가 있다. 세종은 소헌왕후를 깊이 사랑했다. 왕은 친정이 멸문한 왕비를 위해 중궁을 쉼 없이 찾았다. 8남 2녀를 둘 정도로 의가 좋았다.

중궁을 출입하던 왕에게는 어느 날 성숙해진 여인이 보였다. 신빈 김씨는 총애를 받았다. 세종이 신빈을 사랑할 때 소헌왕후는 질투하지 않았다. 오히려 임금이 총애하는 여인을 더 챙기는 성숙한 모습을 보였다. 신빈도 정성을 다해 왕후를 모셨다. 그 결과 자칫 통속적인 삼각관계에 빠질 수 있는 상황을 사랑으로 승화시켰다. 소헌왕후가 자신의 막내인 영응대군의 양육을 신빈에게 위임한 것이다. 후궁 중 최고인 빈에까지 오른 그녀는 세종이 승하하자 여승이 되었다. 묘적사 중창 등으로 세종대왕과 소헌왕후의 명복을 빌며 59세로 삶을 뒤로 했다.

왕실 여인의 미스터리 세 가지

"열세 살 때, 세종대왕의 왕비 처소(지밀나인)에서 일하셨다. 매우 조심하며 왕후를 삼가 공경하셨다. 왕후로부터 인정받으셨다. 후궁이 되어서는 세종의 예우하시는 은혜가 날로 커졌다."

〈신빈 김씨 묘비명〉

신빈김씨 소생의 6왕자 후손들은 고민스러운 부분이 있다. 세 가지 의문점 때문이다. 하나는 신빈의 본관이고, 또 하나는 신빈의 친정아버지 이름이고, 마지막으로 출신 성분이다. 먼저, 신빈의 본관은 청주와 청풍이 엇갈린다. 여섯 왕자 중 계양군 의창군 익현군 영해군 담양군 파보에는 본관이 청주로 게재돼 있다. 그런데 유독 밀성군 족보에는 청풍으로 나온다. 신빈의 본적은 판서 김수온이 쓴 묘비에 나온다. 경기도 화성시청 옆 신빈의 묘 동남쪽에 세워진 묘비는 세월이 흘러 많이 마모됐다. 청주와 청풍 부분을 해독할 수 없는 상태다.

묘비의 앞부분에 본적이 새겨져 있다.

'신빈김씨 묘비명愼嬪金氏 墓碑銘 빈첨지중추원사원지녀嬪僉知中樞院事元之女 적청주籍淸州.'

다섯 왕자 후손 관련 문헌에는 적청주籍淸州인데 비해 밀성군 후손 관련 문헌에는 적청풍籍淸風이다. 전주이씨대동종약원 고문인 이목춘 전 세종왕자육군파대종회장은 수년에 걸쳐 청주김씨 족보와 청풍김씨 족보를 거듭 열람했다. 또 비문 사진을 정밀 판독했다. 그 결과 청주김씨 족보에서 첨지중추원사 김원지金元之를 확인했다. 그의 후손이 절손되었음도 알았다.

반면 청풍김씨 족보에서는 세종 시대에 첨지중추원사를 지낸 같은 이름을 찾을 수 없었다. 옛 자료 사진에서도 흐릿하지만 청풍보다는 청주에 가깝다는 의견이 많았다. 특히 조선 태조로부터 숙종 때까지 왕손 65인의 행적을 모은 종반행적宗班行蹟에 신빈김씨의 본적이 '청주'로 표현돼 있다.

종반행적은 숙종 7년(1681)에 편찬되고, 영조 초년에 보완되었다. 책의 하권 조비빈행적朝妃嬪行蹟의 신빈김씨묘비명愼嬪金氏墓碑銘 도입 부분이다.

'빈첨지중추원사휘원지녀적청주모고씨적삭녕嬪僉知中樞院事諱元之女籍淸州母高氏籍朔寧.'

5장. 어머니 신빈김씨

이로 볼 때 신빈김씨의 본관은 청주다. 밀성군 족보의 청풍은 처음 인쇄 때 잘못된 탓으로 생각할 수 있다.

다음, 신빈김씨의 친정아버지 이름이다. 지금까지 공공기관 학자나 후손들도 '김원'으로 인식했다. 이는 비문의 글을 학계에 처음 소개한 학예사의 해석 영향이 크다. 학예사는 '嬪僉知中樞院事諱元之女籍淸州'를 '첨지중추원사 김원의 딸로 본적을 청주'라고 풀이했다. 휘원지녀諱元之女에서 휘는 이름이다. 이름을 '원'으로 보고 지之를 '~의'로 해석한 것이다. 즉 '원의 딸'로 생각했다. 이 해석은 이후 많은 문헌에 인용됐다. 실제로 조선왕조실록에도 이름이 김원으로 나온다. 문종은 즉위년(1450) 7월 6일 인사에서 그를 첨지중추원사로 발령했다.

조선왕조실록에는 '김원 병첨지중추원사金元 竝僉知中樞院事 원신빈지부元愼嬪之父 특명병조特命兵曹 물령입직勿令入直 순작수반巡綽隨班'으로 표현됐다. 풀이하면 다음과 같다.

'김원을 첨지중추원사에 임명한다. 원은 신빈의 아버지다. 병조에 명하여 입직入直은 시키지 말고 야간순찰로 조회를 대신하게 했다.'

청장관전서에도 신빈김씨의 아버지를 김원으로 표기했다. '김원녀金元女 세종조신빈야世宗朝愼嬪也 생계양군증生桂陽君璔 의창군공義昌君玒 밀성군침密城君琛 익현군혼翼峴君璭 영해군당寧海君瑭 담양군차육

왕자야潭陽君此六王子也'이다. 김원의 딸은 세종의 신빈이었는데 계양군 의창군 밀성군 익현군 영해군 담양군 등 6형제를 낳았다는 내용이다.

그런데 청주김씨 족보와 청풍김씨 족보에는 세종과 문종 시대에 첨지중추원사를 지낸 같은 인물이 나오지 않는다. 다만 청주김씨 족보에 김원지金元之가 있고, 벼슬도 첨지중추원사다. 그 형제 항렬의 돌림자는 지之다. 따라서 실록의 김원과 청주김씨의 김원지는 동일 인물로 추정된다. 족보에는 돌림자를 넣어 '원지'로 하고, 관직이름으로는 '원'을 사용했을 가능성이 있다.

〈청주김씨 북청파 세보〉

```
策 <책>
  文科典書正議
  大夫兵部尙書

子 煇連 <휘연>
  禮賓卿同正大
  夫太子詹事

子 麟 <인>
  一云自麟
  字仁叟號桐村
  又號退隱
  晦軒安先生門
  人與圃隱鄭夢
  周退隱李穡爲
  道理之交
  恭愍王時參於
  司馬榜入李朝
  太祖二年癸酉
  三從弟同榜王
  文科出典籍
  弘文館校理行
  楊州牧使定陞
  都承旨上侍廟
  之常置近累
  被奸黨陷配
  左遷陝川郡守
  陞議政府右參
  贊政府判書堅
  議政府左議政大
  夫戶曹判書大
  太宗朝鏡道監
  司年崇補政
  政府左僉大夫
  功臣性好直
  諫被小人之陷
  退補長興
  配
  吳貞敬夫人
  氏父尙書義

子 始生 <시생>
  字晦遠號晦齋
  世宗成均進士
  官宜正字圃隱鄭
  先生門人
  配恭人豊壤趙氏
  參判泼女
  墓蛇洞元麓

子 乃生 <내생>
  字晦一
  通政大夫左通
  禮

子 學之 <학지>
  字文道號松亭
  禮賓寺參奉
  配宜人海南尹氏
  執義江女
  子 大畜 <대축>
  子 小畜 <소축>

子 問之 <문지>
  字乃知
  官通政大夫
  配淑夫人南原崔
  氏
  子 處正 <처정>

子 思之 <사지>
  字思敬通德郎
  配恭人竹山安氏
  晦軒裕后
  子 瑞武 <서무>

子 辨之 <변지>
  字明淑通德郎
  配恭人水原白氏
  世人女
  子 大裕 <대유>

子 元之 <원지>
  字聖瑞
  僉知中樞府事
  配淑夫人河東鄭
  氏
  子 挺一
  子 大寬 <대관>
```

신빈김씨의 출신 성분이다. 세종실록에는 내자시 여종 출신으로 나온다. 세종은 21년(1439) 1월 27일 그녀를 소의에서 귀인으로 승진시킬 뜻을 밝힌다. 임금이 도승지 김돈에게 한 말이다.

"소의 본내자시비야昭儀 本內資寺婢也 세재무술세在戊戌 여초즉위予初即位 모후선입중궁母后選入中宮 시년십삼세時年十三歲."

"소의(신빈)는 본래 내자시의 종이었다. 내가 무술년에 즉위할 때 어머니 원경왕후가 선발해 중궁에 보내셨다. 그때 그녀는 13세였다."

내자시의 여종인 신빈이 궁녀 충원 때 원경왕후의 눈에 들어 소헌왕후의 중궁전 궁녀로 들어갔음을 알 수 있다. 이는 청주김씨의 족보에 김원지의 아내가 하동정씨河東鄭氏인 점과 관련성을 따질 수 있다. 신빈의 어머니인 삭녕고씨가 김원지의 계배나 측실 가능성이다.

그런데 밀성군의 8대손 이이명은 소재집에 '선조 밀성군先祖密城君 세종대왕제13자世宗大王第十三子 모신빈김씨母慎嬪金氏 이사족 선입후궁以士族 選入後宮'으로 표현했다. 밀성군의 어머니인 신빈김씨는 양반 가문의 딸로 선택된 입궁이라는 것이다. 이 같은 이야기는 쉼 없이 내려왔는데 신빈 묘비문의 한 구절에서 더욱 탄력을 받았다. 빈생유의덕거지이상중추특종애년십삼세입내사嬪生有懿德擧止異常中樞特鍾愛年十三選入內事이다. 풀이하면 다음과 같은 내용이다.

'신빈은 자라면서 아름다움과 덕이 넘치고 남다른 행동으로 첨지중추원사인 아버지로부터 특별히 사랑받았다. 13세에 선택돼 중궁

전에 들어왔다.'

이 문장에서 핵심은 연십삼 선입내사年十三選入內事다. 내사內事는 중궁전, 즉 소헌왕후방이다. 열세 살에 선택돼 중궁전에 배치됐다는 의미다. 궁녀 경험이 없는 공노비가 하루아침에 왕후의 지밀나인이 되는 것은 통념에서 벗어난다. 단계를 밟지 않은 극히 이례적인 일이다. 이는 다른 특별한 사유 가능성을 암시한다. 비문에서도 '선택됐다'는 표현을 했다. 경험이 없음에도 특별한 선택을 받은 것은 쇠락한 사족일 가능성도 생각할 수 있다.

하지만 문헌이나 기록이 없어 확증을 하지 못하고 이야기로만 전해져 온 것이다. 숙종 때 좌의정을 지낸 이이명은 이 글을 32세에 지었다. 강원도 관찰사로 있던 그는 1689년 기사사화己巳士禍로 영해에 유배된 상태였다. 그는 죽음을 예감하고 조상들에 대한 내용을 기록으로 남겼다. 그러나 그의 사족 주장은 선조에 대한 선양 와전에서 비롯된 가능성이 있다. 나라의 공식 기록인 세종실록에 '내자시 여종'으로 실려 있기 때문이다. 물론 참고할 점은 있다. 신빈의 아버지가 첨지중추원사에 임명됐을 때 실록에는 출신 성분에 대한 부연 설명이 없었다. 딸이 노비면 아버지도 천민일 수 있다. 천민이 고위관료가 되었으면 설명이 따를 가능성이 높다. 그러나 신빈의 아버지는 족보가 분명하고, 어머니의 본적도 확실하다. 이런 점으로 미루어 볼 때 뿌리가 있던 집안이 일시적으로 가세가 기울었을 가능성도 있다.

세종을 잊지 못한 여인

"세종대왕이 승하하자 머리를 깎은 뒤 계戒를 받고 자수궁에 살았다."
〈신빈 김씨 묘비명〉

임금의 승하는 왕의 여인들에게 큰 충격이다. 세종이 승하하자, 후궁들이 단체로 승려가 되었다. 남은 생을 불교에 귀의하고, 왕의 극락왕생을 빌기 위함이다. 문종실록에는 대행왕大行王이 승하한 당일 저녁에 후궁 10여 명이 출가한 기록이 보인다.

"대행왕大行王이 훙서薨逝하던 저녁에 후궁後宮으로서 머리를 깎고 여승女僧이 된 사람이 1여 명이나 되었다."
〈문종 즉위년(1450년) 2월 28일〉

대행왕大行王은 승하 후 묘호廟號를 받기 전까지의 호칭이다. 문종 즉위년의 대행왕은 세종이다. 기록에서는 두 가지 궁금증이 들 수 있다. '척불숭유 정책을 편 조선에서 왕실 여인이 단체로 머리를 깎을 수 있을까'와 세종의 후궁 숫자이다. 먼저, 조선 초기에는 후궁들이 출가를 했다. 임금이 승하하면 후궁은 더 이상 모실 왕이 없게 된다. 조용히 머물다 소리 없이 사라지는 운명이다. 또 궁의 여인들은 대부분 나라의 정책과는 달리 불교를 신봉했다. 왕을 잃은 후궁이 종교에 귀의하고 싶은 마음은 당연지사다. 그 결과 태종과 세종 승하 후 후궁들이 집단으로 여승이 된 것이다. 이에 대해 왕실에서는 표면적으로 만류하고, 내면적으로는 묵인했다.

"태종이 세상을 등지자 후궁인 의빈권씨와 신녕궁주신씨가 임금에게 아뢰지 않고 머리를 깎았다. 이에 후궁들이 경쟁하듯 머리를 깎고, 아침저녁으로 불법佛法을 행했다. 임금이 금해도 듣지 않았다."
〈세종 4년(1422) 5월 20일〉

궁궐의 여인은 승려가 되려면 왕의 허락을 받아야 한다. 그러나 태종의 여인들은 법도를 무시하고 머리를 깎았고, 세종의 금지령에도 듣지 않았다. 임금이 적극적으로 제지하지 않고, 소극적으로 환속을 권유했음을 알 수 있다. 문종은 아예 환속 권유도 하지 않았다. 집현전 부제학 정창손이 세종의 후궁 10여 명이 머리를 깎은 문제를 지적하며, 후궁의 출가 금지를 요청했다. 이에 대해 문종은 '후궁이 여승이 되는 것은 태종도 금하지 못했다. 또 부왕父王(세종)을 위하는 일이기 때문에 따를 수가 없다'고 선을 그었다. 문종은 무안대군의 옛집을 수리해 자수궁慈壽宮이라 이름하고, 머리를 깎은 후궁들을 머물게 했다. 후궁들의 출가는 인조 대까지 왕실의 묵인 아래 관행적으로 이어진다. 무안대군 이방번은 태조와 신덕왕후 소생이다. 조선의 첫 세자로 거론됐으나 신료들의 반대로 인해 동생 의안대군 이방석이 세자가 되는 것을 지켜본 뒤 태조 7년(1398) 정도전의 난(제1차 왕자의 난) 때 피살된 비운의 왕자다.

다음, 세종의 후궁이다. 선원계보를 밝힌 조선 왕실의 족보에는 세종의 여인은 소헌왕후와 영빈강씨, 신빈김씨, 혜빈양씨, 숙원이씨, 상침송씨 등 6명이고, 자녀는 18남 4녀다. 또 실록과 개인 문집 등에는 소용홍씨, 숙의조씨, 사기차씨, 귀인최씨도 등장한다. 세종은 정비 외에 후궁이 9명인 셈이다. 자녀도 18남 4녀가 아닌 18남 9녀다. 그런데 임금이 승하 후 비구니가 된 후궁은 10여 명에 이른다. '10여 명'은 10명이 넘는 열한두 명을 말한다. 이는 세종의 후궁이 10명 이상임을 의미한다. 왕의 여인은 중전인 정비, 후궁, 승은 상궁으로 나눌 수 있다. 임금으로부터 승은을 입고 첩지를 받은 경우가 후궁이다. 임금의 사랑을 받았으나 후궁 첩지를 받지 못하면 승은 상궁이 된다. 세종은 후궁 첩지를 내린 여인 외에 승은 상궁을 여럿 두었던 것으로 보인다.

여승이 된 세종의 후궁들은 자수를 잘하는 사람에게 부처를 수놓게 하고, 장인으로 하여금 불상을 만들게 했다. 그러나 비구니 생활을 한 후궁의 기록은 신빈김씨가 유일하다. 계戒를 받고 자수궁에 들어간 신빈은 한 달 후 담양군을 위한 불경을 제작한다. 담양군은 세종과 신빈김씨 사이의 막내아들이다. 세종이 승하 당시 12세의 어린이였던 담양군은 슬픔을 가누지 못한 채 21일 만에 숨졌다. 신빈김씨의 불사에 문종은 쌀 5백 석을 비롯하여 필요한 경비를 지원했다. 사관이 실록에서 '나라가 오로지 부처를 섬기는 데만 열중하여 국고國庫가 텅 비었다'고 비판할 정도로 신빈의 불사 규모는 컸고, 임금이 큰 도움을 줬다.

신빈의 아들인 계양군, 의창군, 밀성군, 익현군, 영해군은 줄곧 어머니의 환속을 요청했다. 그러나 신빈은 계속 거부했다. 단종 때는 신빈 문제가 의정부에서 거론되기도 했다.

"의창군 이공李玒이 그 어미 신빈김씨로 하여금 머리를 기르게 하기를 청하니 의정부에 의논하였다. 의정부에서 '무릇 부녀가 머리를 깎고 여승尼이 되는 것은 몸을 지키고 정절을 온전히 하고자 함입니다. 비빈妃嬪은 이와 다르니, 마땅히 그 청에 따르소서'라고 의견을 올렸다. 임금은 '대신의 의논이 이와 같으니, 따르지 아니할 수 없다'는 전교를 내렸으나 신빈은 듣지 아니하였다."

〈단종 즉위년(1452) 9월 12일〉

신빈은 세종을 위하여 승려 각관覺寬 등에게 묘적사의 중창을 하도록 했다. 각관은 비구 선원禪院으로 유명한 문경 문필암을 초창한 바 있다. 신빈은 세조 때는 자수궁에서 거처를 신빈궁으로 옮겼다. 여러 후궁과의 종교 생활을 함께 하다가 새로운 거처에서 수양했다. 세조는 신빈을 위해 신빈궁에 수행하는 별감과 잡일을 하는 소친시 6명을 배속시켰다.

신빈과 세종 후궁들의 불교 귀의는 세종의 성향과도 연결된다. 세종은 불교개혁을 주도했지만 왕자 공주에 이어 소헌왕후까지 잃자 불교에 큰 관심을 보였다. 소헌왕후를 위해 내불당 공사를 강행해 신료 및 유생과 정면충돌도 했다. 국정이 한동안 마비되는 가운데도 임금은 뜻을 관철시켰다.

조선 최초 여성 신도비 주인공

세종대왕이 지극히 사랑한 연인 신빈김씨의 묘는 경기도 화성시 남양읍 남양리 산 131-17에 있다. 그녀의 묘 봉분 왼쪽 아래에는 2.3 미터 높이의 신도비神道碑가 세워져 있다. 신도神道는 신령의 길이다. 숨진 사람의 묘로墓路를 알리는 신도비는 조선시대에 2품 이상의 관리에 한 하여 세웠다. 묘비는 세 가지 형태가 있다. 가장 간단한 형식의 비석인 묘표墓表에는 앞면에 이름 등의 신원과 뒷면에 건립 연대를 새긴다. 자손 명단을 간략하게 넣기도 한다. 묘갈墓碣은 윗부분이 둥근 형태의 비석이다. 묘갈에 새긴 글에 명문과 서문이 같이 있으면 묘갈명병서墓碣銘幷序, 명문만 있으면 묘갈명墓碣銘으로 비석 제목을 새긴다. 신도비는 묘표나 묘갈과 별도로 묘의 동남쪽에 건립한다.

신빈김씨 신도비는 묘의 바로 앞이 아닌 묘의 동남쪽에 아래 입구에 세워져 있다. 반면 비제碑題는 신빈김씨 묘비명愼嬪金氏 墓碑銘이다. 이에 학계에서는 묘갈과 신도비라는 확정적 구분이 아닌 신도비 형태의 묘갈이라는 입장을 취한다. 신빈김씨 신도비 주인공은 여성이다. 신도비는 모두 남자가 대상이나 조선 시대에 예외적으로 여성 2명에게도 세워졌다. 첫 주인공이 바로 세종의 후궁 신빈김씨다. 두 번째로 영광을 안은 인물은 성종의 외할머니인 남양부부인 홍씨다. 조선 제9대 임금 성종의 어머니 소혜왕후 한씨, 즉 인수대비의 어머니다.

세종의 후궁 신빈김씨는 1406년(태종6) 7월 12일에 태어나 1464년(세조10) 9월 초 4일에 향년 59세로 생을 마쳤다. 1464년 12월 초 6일 경기도 남양부 은성리 비봉산飛鳳山 능곡陵谷 인좌寅坐 신향申向 언덕에 예장 되었다. 신도비는 1465년(세조10) 5월 20일에 세워졌다. 정헌대부공조판서 세자우빈객正憲大夫工曹判書 世子右賓客 김수온이 찬撰하고, 위용장군행충무위섭호군威勇將軍行忠武衛攝護軍 안혜가 전서書幷篆했다. 비문은 세월이 흐르면서 마모돼 거의 식별이 불가하다.

다만 40여 년 전의 사진 등의 자료를 살피면 내용 복원은 가능하다. 또 영조 때 증보된 종반행적宗班行蹟에는 신도비 전문이 실려 있다. 묘와 신도비 사이에는 문인석이 있다. 문인석의 체형은 통통하고 표정은 엄숙한 게 일반적이다. 여느 문인석에서는 대개 범접하기 어려운 장중함이 느껴진다. 그런데 신빈김씨 묘의 문인석은 늘씬한 키에 표정이 부드럽고 편안하다. 잘생긴 남성보다는 예쁜 여성에 가깝다. 묘의 주인이 여성임을 감안해 앎과 덕이 높은 여자 유학자女士를 조각한 것으로 볼 수 있다.

500년 만의 천도재

"불심이 깊은 신빈김씨는 절의 중창을 위해 거액을 희사하였습니다. 세종과 신빈김씨의 아름다운 이야기를 영원히 기립니다. 신빈김씨의 극락왕생을 축원하옵니다."

〈2014년 10월 신빈 김씨 천도제〉

경기도 남양주에 있는 묘적사는 세종과 신빈김씨, 밀성군의 사랑이 승화된 사찰이다. 2014년 10월, 이곳에서는 조선왕족의 천도재가 열렸다. 신빈김씨의 공덕을 기리고, 극락왕생을 축원하는 의식이다. 신빈김씨는 1464년(세조10) 9월 4일에 숨졌다. 그녀가 세상을 등진 뒤 550년 만의 행사이다. 천도재는 죽은 이의 영혼을 극락으로 인도하는 불교 의례다. 불교에서는 사람이 죽으면 10차례 명부시왕冥府十王으로부터 심판을 받는다고 생각한다. 이중 49재는 명부시왕 중 지하의 왕인 염라대왕이 심판하는 날이다. 따라서 예부터 불교 신자는 물론 비신자도 49재는 크게 신경을 썼다. 천도재가 열린 묘적사는 세종과 신빈김씨, 세조와 밀성군 등 세종 가족과 특별한 인연이 있다.

신라 문무왕 때 원효대사가 지은 묘적사는 세종 시절에 승려 학열學悅이 중창했다. 그 후 번성과 쇠락을 거듭하다 조선 중기에는 폐사가 돼 민간인의 무덤이 들어섰다. 고종 32년(1895)에 규오圭旿가 폐사된 절을 중건해 오늘의 모습을 되찾았다. 이 절이 주목받는 것은 세종과의 연관성 때문이다. 경복궁에서 반나절 거리인 이곳에는 세종의 비밀 경호부대 훈련에 대한 구전이 내려오고 있다. 묘적사의 안내판에는 '천년고찰로 세종대왕 때 웅장한 불사를 이룩하였다. 국왕 직속의 비밀기구가 있던 곳이다. 왕실 산하 비밀요원을 훈련시키기 위해 사찰을 짓고 선발된 인원을 승려로 출가시켰다. 승려 교육과 아울러 고도의 군사 훈련을 받게 했다'고 적혀 있다. 세종과 세조의 신임을 받은 문장가 김수온이 쓴 묘적사 중창기는 이곳이 왕실과 특수한 관계임을 암시하고 있다.

정통 무진년 봄(1448년 세종 30년), 병조좌랑인 나는 강무에 참여했다. 임금을 모시고 묘적사의 북쪽 산꼭대기에서 사냥을 했다. (…) 신빈김씨(세종의 후궁)가 세종대왕을 위하여 절을 넓게 증축하였다. 신빈김씨는 돈과 곡식을 기부해 법당과 승당을 확장하고 공사가 마무리되어갈 무렵에 세상을 떠났다. 신빈김씨의 아들인 밀성군은 어머니를 모시지 못한 안타까움을 마음에 품고 있었다. 밀성군은 절의 양식을 대주는 화주가 되었다. (…) 묘적산을 무술 훈련장으로 씀으로써 부득이 도끼로 베어내고 개간하여 점점 절을 넓혀갔음이라. 다행히 세조 조에서 옛터의 복구가 허가되어 도량이 큰 밀성군이 중창의 책임을 맡았다. 밀성군은 크고 넓은 집을 세우느라 수없이 근심했고, 사업은 지체되었다. (…) 화주(세조)가 역사를 다 끝내지 못하고 가버렸으므로 기다렸다 나중에 완성하였다. 담을 두루 둘러침은 호랑이나 표범을 막으려는 생각이다.

세종을 위해 후궁인 신빈김씨와 아들인 밀성군이 시주하고, 세조가 특별히 뒤를 보살핀 묘적사가 무술 훈련장이었다는 것이다. 왕실이 관여한 사찰 주변에서는 당시의 화살촉이 발굴되었다. 특수 요원들이 훈련하던 곳으로 알려진 이 절은 세종이 사냥을 통한 군사 훈련인 강무를 할 때의 길목이 된다. 도성을 떠난 왕은 첫 사냥을 양수 일대에서 시작해 강원도 횡성, 황해도 구월산 등으로 이동한다.

도성에서 대화재가 발생했던 세종 8년(1426) 2월 15일에도 임금은 묘적사 북쪽 산에서 사냥을 한 뒤 횡성으로 향하던 중이었다. 세종 시절, 학열에 의해 중창된 묘적사는 어느 시기에 불에 타 폐허가 돼 있었다. 불심이 깊은 신빈김씨는 세종의 숨결이 묻은 묘적사 보수를 위해 많은 돈과 곡식을 내놨다. 신빈 김씨는 세종 승하 후 머리를 깎고 자수궁에 들어갔다. 비구니가 된 신빈은 세종과 소헌왕후의 위패를 이곳에 모시고 극락왕생을 빌었을 개연성이 높다. 아들 밀성군은 어머니를 모시지 못해 안타까워했다. 신빈김씨는 문종과 단종의 환속령에도 속세로 나오지 않았다. 세조가 큰 집을 지어주고 아들과 살라고 했으나 신빈김씨는 역시 거절했다. 밀성군은 어머니 사후에 세조에게 묘적사 중창을 건의했다. 중창하면 당연히 세종과 소헌왕후, 신빈김씨의 위패를 모셨을 것이다. 밀성군은 세조 때에 거액을 희사하여 묘적사를 중창하기 시작했다. 공사는 세조의 승하, 예종의 승하로 중단되었다가 성종 3년(1472) 여름에 완공되었다.

이처럼 묘적사는 세종, 신빈김씨, 세조, 밀성군의 얼이 서린 곳이다. 그동안 묘적사에서는 자료 부족으로 신빈김씨와 밀성군의 중창 관여 사실을 기록하지 않았다. 하지만 김수온의 묘적사 중창기문이 확인되면서 신빈김씨 후손들은 정확한 사실 게재를 위해 노력했다.

2015년 여름에는 이윤주 회장 등 밀성군파종회 임원들이 묘적사를 방문, 문헌 연구 등에 대해 논의했다. 이 과정에서 주지 스님은 신빈김씨의 천도재를 비롯하여 신빈김씨와 밀성군의 불심을 널리 알릴 방법을 제안했다.

6장
세종대왕의 18왕자

■ 세종의 가족

부인 : 6명, 자녀 : 18남 4녀(옹주 2명 유아 때 숨김)

1부인 소헌왕후 심씨 8남2녀	2부인 영빈 강씨 1남	3부인 신빈 김씨 6남	4부인 혜빈 양씨 3남	5부인 숙원 이씨 1녀	6부인 상침 송씨 1녀
문종(1414) 세조 (1417) 안평대군 (1418) 임영대군 (1419) 광평대군 (1425) 금성대군 (1426) 평원대군 (1427) 영응대군 (1434) 정소공주 (1412) 정의공주 (1415)	화의군 (1425)	계양군 (1427) 의창군 (1428) 밀성군 (1430) 익현군 (1431) 영해군 (1435) 담양군 (1439)	한남군 (1429) 수춘군 (1431) 영풍군 (1434)	정안옹주 (1438)	정현옹주 (1424)

리틀 세종, 문종

문종(1414~1452년)은 조선의 제5대 왕이다. 세종의 맏아들이고 어머니는 소헌왕후 심씨다. 현덕왕후 권씨와의 사이에 단종을 두었다. 첫 배우자인 김오문의 딸, 두 번째 왕비인 봉여의 딸은 자질 부족으로 폐출됐다. 현덕왕후는 후궁으로 들어왔다가 세자빈으로 승격되었다. 약 30년 간 세자로 있으면서 아버지를 보필했다.

세종의 집권 후기 성정은 문종의 역할이 크다. 세종 승하 6년 전부터는 국사를 대신해 처리했다. 2년 4개월의 짧은 재위였지만 동국병감, 고려사, 고려사절요 등의 편찬과 군사제도를 정비했다. 문종실록 총서에는 다음처럼 임금을 묘사했다.

"성품이 대단히 어질고, 명확하고 현명하였다. 강하고 의연하며, 말수가 적고 조용했다. 효도와 우애가 지극하고, 공경하고 검소했다. 소리와 여인, 놀이를 좋아하지 않고 학문에만 전심했다. 또 옛 역사서를 통해 나라를 다스리는 기틀을 강구 했다. 글쓰기 말타기 활쏘기 음악 수학 예절 천문 역상曆象 음운音韻에 이르기까지 통달했다. 세종이 훙薨하시니, 왕세자가 여러 왕자와 더불어 머리를 풀고 버선을 벗고 예를 다했다."

카리스마 화신, 세조

세조(1417~1468년)는 조선의 제7대 왕이다. 어머니는 소헌왕후이고, 문종의 동생이다. 단종 1년에 계유정난을 일으켜 김종서 등 정적을 제거하고 정권을 잡았다. 어릴 때 궁 밖에서 자랐다. 모든 어려움과 사실과 거짓을 자세히 일찍부터 겪어 알고 있었다. 도량이 크고, 다섯 살에 효경孝經을 외웠다.

사람들과 궁마弓馬에 관한 이야기를 즐겼다. 항상 활과 화살을 몸에 지니고 다녔다. 성질이 매 날리는 것을 좋아하였다. 한 마리의 매만 얻어도 손에서 놓지 아니하였다. 타고난 자질이 공검恭儉하고 예절이 있었다. 또 충성스럽고 효도하고 우애가 돈독하였다.

인仁을 좋아하고 의義에 힘썼다. 소인小人을 멀리하면서도 미워하지 아니하였으며 군자君子를 가까이하면서도 편사偏私 하지 않았다.

6장. 세종대왕의 18왕자

문학文學과 활쏘기와 말타기가 고금에 뛰어났다. 역학, 수학, 음악, 의학, 점술, 기예技藝에 이르기까지 모두 그 묘妙를 다하였다.

그러나 항상 스스로 이를 숨기고 남의 위에 오르려고 하지 않았다. 세종이 이를 기특히 여기고 사랑하여 대우를 여러 아들과는 달리하였다. 무릇 군국의 대사軍國大事에는 반드시 참여하여 결정토록 하였다.

문학 천재 안평대군

안평대군(1418~1453년)은 세종의 셋째 아들이다. 문종과 세조의 친동생으로 어머니는 소헌왕후다. 시서화에 가야금까지 능해 삼절로 통했다. 특히 글씨에 뛰어나 당대 최고의 명필로 꼽혔다. 안평대군 작품은 명나라 사신이 청할 정도로 인기였고, 조선 초에는 그의 서체가 큰 유행이 되었다. 대표작으로는 몽유도원도 발문 있다.

어려서부터 학문을 좋아한 그는 식견과 도량이 넓어 따르는 이가 많았다. 세종이 학문에 정진하기를 바라는 마음에서 비해당匪懈堂의 당호를 내렸다. 도성 밖의 무이정사와 남호의 담담정에 수많은 책을 보관하며 많은 문인을 초청하여 시회詩會를 자주 베풀었다.

세종의 북방 개척 때 회령 경재소를 맡았다. 나라의 문필에서도 큰 역할을 했다. 치평요람 편찬을 수양대군과 함께 감독했고, 운회

번역은 문종과 함께 관장했다. 의방유취도 감수했다. 친형 수양대군과의 정국을 보는 시각이 달랐다. 계유정난으로 귀양을 간 뒤 사사되었다.

청빈한 왕자, 임영대군

임영대군(1420~1469년)은 세종의 제4남이며, 모친은 소헌왕후 심씨다.

대군은 성품이 조용하고 인자하며, 부귀를 탐하지 않았다. 학문을 닦는 데 힘써 시詩, 서書, 경經, 사史와 병서兵書를 공부하였다. 또한 사물 제직의 정교한 솜씨는 세상 사람들로부터 경탄을 받았다. 새 능을 안 세종은 화포제작의 감독을 명하였다. 대군이 제작한 화살은 종전에 2백~3백 보 나가던 것이 일천여 보 안팎까지 증진됐다.

군사 기기의 성능을 개량하기도 하여 대군은 '병기와 군사에 관한 지보至寶'라고 불렸다. 대군은 평생을 정의 성실 청렴 검약으로 일관하였으며, 부귀와 사치를 멀리 하였다. 세종의 왕자 중 가장 청빈하게 생활하였다. 또한 의기는 활발하고 의론에 뛰어나 사람들을 항상 감동시켰다. 무예에도 능하여 어전 시궁시 강궁으로 명중시키는데 남달리 뛰어나 부왕과 문무백관의 예찬도 받았다. 20세 전후에는 기녀 금강매를 첩으로 두었는데 부왕의 경계하라는 말씀을 들은 뒤로 다시 그런 일이 없었다.

자손들에게 두 가지 유훈을 남겼다. 첫째, 왕자와 왕손 간에 분쟁을 일으키지 말라. 둘째, 백성에게 해를 끼치지 말라. 임종에 즈음하여 자손들을 불러 모으고 종이와 붓을 가져오게 하여 친히 '사후에 조가朝家의 예장을 받지 말고 신도비를 세우지 말라'고 썼다.

이어 '나는 본디 안평 형님과 금성 아우와 더불어 함께 절의에 죽고자 하였다' 하고 붓을 놓고서 숨을 거두었다. 조정에서는 그의 유지를 참작하여 간단하게 장례를 치르고 신도비는 세우지 않았다. 후세에 묘비만을 세우고 행장은 강희맹이 지어 석함石函에 담아 상석床石 밑에 묻었다.

살아있는 역사, 광평대군

광평대군(1425~1444년)은 세종과 소헌왕후의 제5남이다. 평산신씨 증 좌의정 자수의 딸을 부인으로 맞아 영순군을 두었다. 영순군은 남천군, 청안군, 회원군을 두었다.

광평대군 후손은 선원璿源과 명조名祖의 명예를 받들어 긍지를 갖고, 가문의 행실 거동 법도인 사행事行 효우孝友를 시켜오고 있다.
항상 두려워하고 삼가는 마음으로 대의를 쫓아 사행을 대대로 지켜옴으로써, 부모는 평안하고 자손은 영화를 누렸다. 임금에게는 충성을 다하고, 백성에게는 공정하게 은혜를 베풀었다.
또한 효우를 실행하는 가운데 문학에 빛나고 공업이 쌓임으로써 일문이 화목하고 종당宗黨이 번성하여 명성이 온 나라에 떨치게 되었다.

아들 영순군은 아버지 광평대군 묘소를 광주군 이을언리 수토산, 현 서울시 강남구 수서동 광수산光秀山에 모셨다. 이곳에는 태조의 아들인 무안대군(이방번)도 모시고 있는데, 세종의 명에 의해 봉사하고 있다. 그 산 아래 영순군의 아들 3형제 집을 지어 3궁三宮이라고 일컬었다. 이때부터 이 마을을 궁말로 불렸다.

또한 광평대군 묘역인 서울 강남구 수서동 산 10번지 약 13만 평 일원이 서울특별시 지방문화재 제48호로 지정되었다. 한 지역에 700여 기基나 되는 왕손의 묘소가 국장에 준하는 예우로 예장 되어 있다. 그 묘역이 오랜 세월을 내려오면서도 원형 그대로 잘 보존되어 있다. 대를 이어 예장 되어 있는 묘역에 묘비, 신도비 등 석조물이 잘 보존된 것이 조선시대의 묘 제도를 연구하는 데 귀중한 자료로 평가되고 있다. 특히 각 묘소의 위치를 알 수 있도록 기록한 세장기비世葬記碑는 '참으로 귀중한 문화재'라고 국가유산청 지정문에서 밝히고 있다.

절개 높은 장부, 금성대군

금성대군(1426~1433년)은 세종의 제6남으로 어머니는 소헌왕후다. 1436년(세종18)에 성균관에서 학문을 닦아 당대 문장가로서 명성이 높았다. 또한 천성이 강직하여 세조가 어린 단종을 물리치고 즉위함에 항거했다. 단종을 복위시키고자 노력하다가 1455년(세조1) 경기도 광주군에 가서 살게 되고 노비와 가산을 몰수당하였다. 1457년(세조3) 2월에는 순흥으로 서처를 옮겼다. 여러 차례 영의정 정인지와 좌찬성 신숙주의 상소로 1457년 10월에 사사賜死되었다.

그 후 1528년(중종23) 금성대군으로 회복되고, 1739년(영조15)에 '정민貞愍'이란 시호를 받았다. 1790년(정조 14)에 예장으로 개장되었다. 사후 금성대군의 차증손 홍양정이 "금성대군이 억울하게 돌아가심은 옛 임금을 위함이요, 다른 뜻은 없음이라"라며 대궐 문밖에 거적을 깔고 자리를 만들어 부르짖기를 석 달 동안 하였다.

대신들이 중종 대왕에게 아뢰기를 "금성대군이 비록 죄가 있다 하오나 옛 임금을 위하여 하게 된 것이요, 다른 뜻은 없었습니다. 세조께서도 사육신이 당세에는 역적이었으나 후세에는 충신이라 하셨습니다. 금성대군도 일체 무관無關이라, 금성대군의 관작을 회복시키지 못하고 자손들이 금고禁錮를 당하고 있음은 실로 친친지의親親之誼가 어그러져 있는 것입니다"라고 하였다.

중종은 1519년(중종14)에 이를 옳게 여기어 자손에게 3세 승습承襲의 명을 내리고 관작을 봉하였다.

후손이 없는 평원대군

평원대군平原大君은 세종과 소헌왕후의 7남이다. 세종 9년(1427)에 태어난 왕자는 8세에 평원대군으로 봉작되었다. 12세에 종학에 입학하고, 13세에 홍이용의 딸인 강녕부부인江寧府夫人을 배필로 맞았다. 세종 27년(1445)에 두창을 앓다가 세상을 떴다.

세종과 소헌왕후가 몹시 슬퍼하여 수라를 중지하고, 조회와 저자를 사흘 동안 정지하였다. 시호는 정덕靖德이다. 정靖은 몸을 공손히 하고 말을 적게 하는 것이고, 덕德은 의리를 굳게 잡고 착함을 찬양한다는 의미다. 사후 예종의 아들 제안대군이 제사를 받들었다.

왕자는 학문을 좋아하여 시전, 예기, 대학연의에 밝았다. 활쏘기와 승마에도 뛰어났고, 글을 잘 짓고, 글씨가 신비한 경지에 이르렀다. 특히 천문에도 깊이가 있고, 기개와 풍도가 호걸스러웠다. 악함을 미워하고, 칭찬에 인색하지 않았다. 평상시에는 엄하고 꿋꿋하고 침착하고 묵중하여 말과 웃음을 함부로 하지 아니하였다. 겸손 공순하고 온화하고 우아하였다. 존귀와 권세로 교만하지 않는 왕자를 많은 사람이 사랑하고 공경하였다.

세종이 최고 사랑한 영웅대군

영웅대군(1434~1467년)은 세종의 제8남으로 어머니는 소헌왕후다. 성품이 공손하여 어른에게 경순敬順하고 다른 사람에게는 다정하게 하였다.

세종대왕은 대군을 총애하여 모든 왕자들이 궁중에서 주상을 진상進上이라 불렀는데 대군에게는 "너는 나이 15세 이전에는 나를 아버지라 부르라"고 하였다.

세종은 5세이던 공을 즐겁게 해 주기 위해 인형人形을 새긴 영등影燈을 만들어 주었다. 불꽃이 인형에 닿자 곧 타버리게 되었다. 이에 공은 영등을 끄라고 하자 세종이 연유를 물으니 "사람이 상할까 해서입니다"라고 했다.

세종이 승하하자, 대군은 애훼哀毁함이 지나쳤다. 문종은 내탕乃帑

을 기울여 대군의 집으로 보내기도 했다. 대군은 글씨와 그림에 능하고 음률音律에도 통달했다. 1463년(세조9)에 명황계감明皇誠鑑의 가사를 한글로 번역했다.

배위는 대방부부인 여산송씨로 좌의정 복원의 딸, 연성부부인 연안김씨로 목사 영철의 딸이다. 또 춘성부부인 해주정씨로 이조판서 증 좌의정 충경의 딸이 있다.

여산송씨는 길안현주 1녀를 낳았는데 지돈녕 정국공신 능성군 수영에게 출가하였다. 연성부부인은 청풍군 1남과 2녀를 두었다. 해주정씨의 소생은 없다.

훈민정음 창제에 기여한 화의군

화의군(1425~1460년)은 세종대왕의 왕자다. 휘는 영瓔이고 자는 양지良之이며 시호는 충경忠景이다. 어머니는 영빈 진주강씨다.

1433년(세종15) 화의군에 책봉되고 1436년(세종18) 군부인 밀양박씨 중손仲孫의 딸을 부인으로 맞았다. 같은 해 4월에 성균관에 입학하였다. 5, 6세에 벌써 용감하고 민첩함이 뛰어나고 또 글을 잘하였다. 자라면서 부모를 섬기고 임금께 충성하는 뜻이 깊어서 일찍이 시를 지어 말하기를 "사람이 이 세상을 살아감에 있어서 충과 효가 가장 중요하니, 충하면 나라가 보전되고 효하면 능히 세상을 바로 잡을 수 있다"고 했다. 항상 형제들과 대화로 우애와 화목에 힘쓰니 사람들이 모두 흠모하였다.

세종도 화의군의 재능과 뛰어난 성품을 보고 훈민정음을 만드는

데 협력하게 하였다. '부왕의 명을 받은 화의군은 '직해동자습 역훈평화' 편찬을 감독하는 감장監掌의 역할을 충실히 수행하였다.

1455년 단종복위 거사가 일어났을 때 세조가 화의군에게 묻기를 "성삼문을 파직 처리함이 옳지 않으냐"는 물음에 화의군은 묵묵부답했다. 이로써 익산군 금산錦山에 어머니와 함께 유배되었다.

1457년(세조2) 금성대군의 거사가 발각되자, '한 번 죽으리라'는 결심을 마음속에 굳게 정하고 정인지 등의 헐뜯는 상소로 말미암아 모자가 함께 1460년(세조 6) 유배지에서 사사되었다. 고장藁葬의 명을 세조에게 받은 후, 익산감에게 기왕에 죽을 몸이므로 유훈遺訓하기를 "나는 비록 백이숙제伯夷叔齊만 못하지만 백이숙제의 마음이 있으니 서산西山에 나를 장사지내 주시오"라고 하였다.

세조 등극 공신 계양군

계양군(1427~1464년)은 자가 현지顯之이고, 어머니는 신빈김씨다.

계양군의 배위는 좌의정 한확의 딸로 세조의 장남 도원군과는 동서다. 세조와 가까웠고, 세종의 총애가 지극했다. 학문을 즐기고 특히 글씨를 잘 썼다. 세조가 즉위하는데 한몫을 했다. 그 공으로 1455년(세조1) 좌익공신 1등이 된 후로부터 세조의 측근에서 서무庶務의 출납을 맡아 신임을 얻었다.

1460년(세조6) 세자가 혼인할 때 가례도감嘉禮都監 제조提調를 겸했다. 시호는 충소다. 계양군은 영원군 강양군 부림군 방산수 아들을 두었는데 차남 강양군은 막내 숙부 담양군에게 양자로 갔다. 장남 영원군은 아들이 없어 셋째 아우 부림군의 차남 도안군을 양자로 맞이했다. 이 도안군이 문천정과 평양령을 낳아 큰 집을 이루었다.

그리고 부림군의 장남 회안부정은 외아들 덕양부수를 두었고, 덕양부수는 말손 희손 두 아들을 두었으나 손자대에서 무후無后했다. 또 방산수는 당대에서 후사가 없어 후손이 끊겼다.

그리고 도안군의 차남 평양령도 후손이 없어 결국 문천정 손만이 퍼져 나갔다.

단종복위 운동, 의창군

의창군(1428~1460년)의 어머니는 신빈김씨다. 1456년(세조2) 단종 복위 운동에 연루되어 도성을 떠나 지리산으로 피신, 은거하여 암자와 사찰을 전전했다.

1460년(세조6)에 병을 얻어 급거 귀경, 그해 10월 2일 33세로 별세하였다. 당시 신빈 모후의 지극한 보살핌으로 큰 화는 면하고 장례도 예장禮葬으로 치렀다. 사산군 독자만 두고 일찍 별세하여 후손이 크게 번창하지 못했다.

1592년(선조25) 임진왜란을 당하여 공의 5세 담년聃年과 6세 적績 등 종손 부자가 순절하는 비운을 맞으니 차손으로 종계를 이어가게 되었다.

벼슬길에는 크게 오르지 못하다가 지파 중 공의 7세손 갱생更生으로부터 4대에 걸쳐 벼슬을 하였다. 그들은 도승지 갱생 이조참판 명하鳴夏 7도 관찰사 및 예조참판 사영思泳 진사 천기天紀 등이다.

연산連山으로 낙향한 원생의 3대손 후기가 진사 행 가선대부 동지중추부사 겸 절충장군 행 용양위 부호군을 지냈다. 원생의 4대손 덕춘이 행 가선대부 호조참판을 지낸 공적으로 충남 공주시 유구면과 신풍면 일대에 사패지지를 왕가의 후예답게 유지했다.

1919년 3·1운동 당시에는 원생의 10대손 우상이 고종의 인산에 참여하여 학생들로부터 독립선언문을 받았다. 그는 호서지방에서 선봉으로 3월 14일에 유구 만세운동을 이끌어 옥고를 치렀다.

육종영의 충절, 한남군

한남군(1429~1459년)의 어머니는 혜빈양씨다. 1455년(세조1)에 단종 선위 시 혜빈양씨와 그의 소생인 한남군 영풍군이 피화被禍를 당했다. 또 자손이 종친록 유부록에서 삭제되어 79년 후인 1534년(중종29)에야 복원되었다. 사람들로부터 육종영으로 추앙받았다. 한남군은 유배지인 함양 배소에서 순절하였다.

1713년(숙종39) 4월에 8대손 서규가 임금께 두 번 상소를 하여 사시賜諡 봉묘奉墓의 은전을 입었다. 석물石物 대금으로 정목正木 25 필과 쌀 5 석을 받았으나 물력이 극히 가난하여 자손이 능력에 따라 추렴을 하여서 1714년 12월 6일에 역사를 시작하였다.

돌은 군북郡北 북천면 백암동에서 다듬어 이듬해 1월 15일에 산소수축역사를 거행하여 3월 15일에 낙성을 고하는 제사를 봉행하

였다. 석재를 뜨는 광부가 780여 명이며 돌을 끌어 운석하는 승군
僧軍이 860여 명이었다. 1459년(세조5)부터 256년 만에 비로소 묘
역을 정성들여 봉축하였다.

한남군의 신위를 모신 곳은 장릉莊陵 충신 상단忠臣上壇, 공주 동학사 숙모전肅慕殿, 충북 청원군의 죽계서원竹溪書院, 포천군 소흘읍의 충목단忠穆壇, 경남 함양의 송호서원松湖書院 등 다섯 곳이다.
충주 용관동에 한남군 사당을 모시고 있다. 묘소는 경상남도 함양군 함양읍 교산리 755-2번지에 있으며 경상남도지정 기념물 제165호이다.

조선 최고 명가 이룬 밀성군

밀성군(1430~1479년)의 어머니는 신빈김씨다. 세조가 등극하기 전부터 친분이 두터웠다. 즉위 후에는 정국을 자문하는 등 국정에 참여하였다. 1467년(세조13)에 의금부 도위관을 지냈다. 예종 때에는 임관을 마다하였고, 성종은 공의 많은 공을 인정하여 2등 공신에 책훈하였다.

밀성군의 장남 운산군은 연산군을 폐위시키고 중종을 옹립한 중종반정에 참여하였다. 밀성군 6대손인 경여는 병자호란 때 강화를 극력 반대하며 도성 사수를 진언했다. 왕을 남한산성으로 호종하는 등 척화파로서 두 차례의 억류와 유배 및 강등을 당하는 등 갖은 풍상을 겪으면서도 북벌계획에 힘을 다하였다.

숙종 때에 노론4대신인 이명은 기사사화 정쟁으로 유배와 복직의 세월을 거치면서 한 시대의 정국을 이끌었다. 노론 4대신인 건명 또한 정국을 이끌다 유배되어 참혹한 죽음을 맞았다.

밀성군 자손들은 광해군의 실정과 인조반정, 연산군의 음학과 중종반정, 숙종 때의 격랑 등에서 정국을 이끌면서 종묘사직을 수호했다. 또한 일제 치하에서는 창호, 건호, 중각 등이 독립운동에 헌신했다.

뜻을 펴지 못한 수춘군

수춘군(1431~1455년)은 혜빈양씨의 2남이다. 1437년(세종19) 12월 8일 수춘군으로 봉군하였다. 1443년(세종25) 3월 1일 세종대왕이 왕비와 더불어 충청도 온양 온천에 거둥하면서 수춘군에게 궁궐을 살펴 상언上言하도록 하였다. 효성이 지극한 수춘군은 환후 중인 임금에게 손수 시탕侍湯에 정성을 다했다. 부왕이 기특하게 여겨 많은 상을 하사하였다.

수춘군은 금성대군과 가까웠다. 일찍이 병이 드니 어머니 혜빈양씨의 희망대로 금성대군 집에서 치료를 받았다. 1455년(단종3) 5월 10일 금성대군이 수춘군에게 "병이 다 나았으므로 준다"며 말을 선물했다. 이때 수춘군은 수양대군에게 불만을 품고 말했다.

"안평대군과 금성대군 계양군과 결탁하여 어머니 혜빈으로 하여

금 궁중에 있으면서 모든 일을 총괄해 다스리기로 의논이 되었습니다. 금성대군이 인정이 많아 널리 인심을 얻었고 또 안으로는 궁중과 결탁하고 밖으로는 대신들과 연결을 맺었으니 두려울 게 무엇이 있겠습니까. 수양대군이 비록 엄중하고 명철하지만 빈객賓客이 없고 고립하여 돕는 자가 없으니 이는 한낱 필부匹夫에 지나지 않습니다"고 하였다.

1455년(단종3) 6월 5일 수춘군이 금성대군 저택에서 별세했다. 백관들이 홍례문 밖에서 거애擧哀하고 조회와 시장을 3일간 정지하였다.

왕권강화 힘쓴 익현군

익현군(1431~1463년)은 신빈김씨 소생이다. 휘는 관王運이며 자는 광지光之, 시호는 충성忠成이다. 어려서부터 자질이 범상치 않아 학문이 출중하니, 세종이 총애하여 1437년(세종19) 7세에 익현군에 봉하였다.

1455년 세조 등극 때 계양군과 같이 공을 세워 공신열에 들었다. 수충위사 동덕 좌익 1등공신이 되었으며, 임금은 '단서철권丹書鐵券'과 '토전장획土田藏獲'을 주고 총애하였다. 배위는 평양조씨로 첨지중추원사 찬성 철산의 딸로 김제군부인에 봉해졌고, 1남 1녀를 두었다. 아들 지는 괴산군에 봉해졌다. 괴산군이 후사가 없었으나 김제군부인의 회갑 때에 의창군 공의 손 사산군의 차남 해를 입계하여 화산군에 봉했다. 화산군은 사직령 송호 딸인 여흥현부인과의 사이에 3남 1녀를 두었다. 장남은 성안정 정이며 차남은 달성도정

제이고, 3남은 풍성령 지이다.

   춘추 33세로 요절했다. 세조가 애통해하며 식사를 폐하고 3일간 조회를 폐하였다. 부의와 예전을 예에 넘치게 하였다. 묘역 근처 많은 사패지지와 불천지위 사우를 중건하여 하사했다.

   경기도 남양주시 진건면 용정4리 지사동에 예장하였다.

순충사절 영풍군

영풍군(1434~1457년)은 혜빈양씨 소생이다. 1441년(세종23) 7월에 세손(후의 단종)이 태어났으나 얼마 되지 않아 모후인 현덕왕후가 승하하니, 혜빈양씨가 유모가 되어 양육하였다.

1452년(문종2)에 단종이 12세에 왕위에 올랐다. 사육신의 단종 복위운동 때 참여하였다가 어머니와 함께 화를 입어 함께 순충사절 殉忠死節 하였다. 공의 나이 23세였다. 묘소는 경기도 고양시 덕양구 대자동에 있었으나 세월이 오래 되어 없어졌고 사위祠位는 수진궁에 있었으나 자손이 잔약하여 향사를 못하였다. 숙종 때에 신원되어 장릉 충신단에 배향되었고 1791년(정조15) 2월에 '정렬貞烈'이라는 시호를 받았다. 현록대부 겸 오위도총부 도총관이라는 품계가 내려졌다.

배위는 군부인 순천박씨로 이조판서 박팽년의 딸이다. 1녀를 낳아 만호 이양손에게 혼인시켰으나 공을 따라 함께 별세하였다. 계자에 양녕대군 손자 취성군 빈, 계림군 탄, 하계군 진이 있다. 이들은 아들 손자 증손으로 기록되어 전해지고 있고, 나머지는 기록이 없다. 전해져 오던 문헌들은 여러 번의 병란을 겪으며 모두 소실되었다. 남은 것은 단종 때의 기록 몇 가지 뿐이라, 공이 모자가 함께 희생되었던 충절은 알려지지 않았다.

1872년(고종9)에는 공의 적중증손嫡衆曾孫에게 봉작 봉군奉君하여 승전承傳케 하였다. 고종은 갑자보甲子譜에 특명으로 계양군 10대손 정화로 하여금 봉사케 하였고, 이후 영풍군의 후손이 봉사하고 있다.

큰 마음의 영해군

영해군(1435~1477년)의 어머니는 신빈김씨다. 어렸을 때부터 너그러웠다. 자라면서는 덕의와 절의가 있어 스승과 공부할 때는 화려함을 기뻐하지 않았다. 후손들에게 관인대도寬仁大道와 검소질박儉素質朴의 본을 보여주었다.

평산신씨를 부인으로 맞아 영춘군 길안도정과 딸 하나를 두었다. 43세에 별세하였으며, 나라에서는 안도安悼라는 시호를 내렸다.

묘소는 서울 도봉산 도봉동에 있고 전북 남원시 사매면 대신리 소덕사昭德祠에 위패를 모셨다. 소덕사에서는 해마다 음력 5월 5일 기신제를 지내고 있다. 장남 영춘군은 부친의 인덕을 바탕으로 효행이 지극해 왕실의 은총을 받았다.

영춘군의 차남 강녕군은 알뜰하게 가꿔진 꽃밭과 정결한 집을 가

졌었는데, 연산군의 내폐(內嬖)가 이 집을 탐내어 빼앗고자 했다. 그러나 강녕군이 불응하자 내폐의 고자질로 연산군은 크게 노해 주인과 가노를 붙잡아 가두고 문초했다. 이런 연유로 강녕군 부자와 여러 형제는 남해 섬으로 귀양살이를 갔다.

중종반정으로 관작이 회복되었다. 중종은 특별히 정국원종공신으로 공훈록과 비문에 그 사적을 표기케 하고 삼강행실록에도 기록토록 했다.

못다 핀 꽃, 담양군

담양군(1439~1450년)은 세종의 막내로 신빈김씨 소생이다. 1450년(세종32)에 부왕이 승하하였을 때에 몸부림치며 애통해하다 몸을 상하여 일찍 세상을 떠났다. 문종이 이를 애석하게 여겨 장지葬地를 명하여 내려 주었다. 세조 때에는 형인 계양군의 차남 강양군으로 후사를 잇도록 하였다.

묘소는 경기도 파주시 파평면 금파리 파평산 서쪽 기슭 을좌이다. 비갈이 있고 전면에 부조묘가 있으며 태봉은 경북 성주 선석산에 있다. 왕자의 계자인 강양군의 휘는 숙이다. 세조 때에 특별히 금헌이란 호가 내려졌으며 초수는 정正이었으며 흥록대부이다.

강양군은 5남 4녀를 두었다. 현부인 양천 허씨는 안악군수 준의 딸로 후사가 없었다. 배위 대원김씨는 아들 셋을 낳았다. 장남은 영평정 보이며 가선대부이다. 차남은 희안군 집으로 초수는 창선대부였으나 현록대부로 증직 되었다. 3남은 예안군 헌으로 정의대부이다. 또 한 명의 배위가 두 아들을 낳았다. 장남은 양평부수 굉이고, 차남은 함창부수 함이다. 공의 4세손 순천군 관은 창선대부 정이다. 종반공자宗班公子로 충효 정려를 받았으며 그의 행적은 해동명신록에 올라 있다.

5세손 완창부원군 성중은 임진왜란 때 호조판서를 역임하였다. 호성선무원종1등공신에 책록되었으며 영의정 완창부원군에 증직되었다.

7장
자랑스러운 세종의 손자

영해군의 장남 영춘군의 삶

영해군과 임천군부인 평산신씨의 장남이 영춘군永春君 이인李仁이다, 영춘군은 세조 11년(1465) 4월 6일에 태어났다. 아버지 영해군이 서른두 살, 어머니 임천군부인 평산신씨가 서른네 살의 고령이었다. 왕실 여인들의 출산은 10대 후반과 20대 초반에 집중된다. 30대 초반이면 단산이 일반적이었다. 전통시대에 노산老産은 난산難産 확률을 더 높였다. 이 경우 산모와 아기 모두 위험했다. 현대에도 35세 이상의 임신은 고위험군에 속한다. 다행히 평산신씨는 영춘군을 순산했다.

그러나 수명이 길지 않았다. 마흔세 살이던 성종 6년(1475) 8월 3일에 숨졌다. 아들 영춘군이 열한 살이었다. 엎친 데 덮친 격으로 아버지 영해군도 두 해 뒤 세상을 떠났다. 열세 살에 부모를 모두 여읜 영춘군과 어린 동생 길안도정은 외할머니 성산이씨星山李氏의 보호를 받으며 성장했다. 영춘군은 어려서부터 상례와 제사에 지극 정성을 다해 주위의 칭송이 자자했다.

영춘군의 제사 모시기는 그를 보호한 외가의 영향이 컸다. 외가인 평산신씨 집안은 제사로 인해 고민이 많았다. 외고조부 신효창은 큰아들이 적처로부터 아들이 없자, 둘째 아들이 낳은 신윤동으로 후사後嗣를 잇게 했다. 세종 16년인 1434년의 일이다.

신윤동은 영춘군의 외조부다. 그런데 신윤동이 세종 21년인 1439년에 요절했다. 이때 신윤동의 할아버지 신효창과 양부養父 신자근, 생부生父 신자경은 생존해 있었다.

신윤동의 아내 성산이씨는 남편 없는 가운데 줄줄이 시어른들을 모시고 살고, 집안의 제사를 떠안았다. 봉제사는 가산 상속과도 연계되었다. 신효창에게는 여러 명의 손자가 있었다. 숙은 손자의 아내에게 제사 부담을 안길 수는 없었다. 이로 인해 평산신씨 집안에서는 제사 주관자 문제로 30여 년 동안 골머리를 앓게 된다.

영춘군은 이 같은 제사 문화와 효도 문화의 한복판에 선 외할머니와 함께 소년 시기를 보냈다. 또 부모를 일찍 여의었다. 자연스럽게 부모에 대한 그리움과 외할머니에 대한 효도의 마음과 어우러져 제사에 극히 신경 쓰게 된다. 영춘군의 생활은 검박했고, 평생 화초

7장. 자랑스러운 세종의 손자

가꾸기를 취미로 삼았다. 자字는 깨끗하고 조용한 의미를 담은 자정 子靜이고, 휘는 어짐을 뜻하는 인仁이다.

연산군일기에는 영춘군永春君 이능李楞으로도 표기돼 있다. 10세에 영춘군永春君 군호를 받고 정의대부正義大夫에 올랐다. 열네 살에 성종으로부터 말을 하사받았고, 다음해에는 승헌대부承憲大夫가 되었다. 사옹원 제조司饔院提調를 지낸 후 품계가 숭헌대부崇憲大夫에 이르렀다.

연산군 12년(1506)에는 왕의 여인이 영춘군의 둘째 아들 강녕군 소유의 집을 빼앗으려고 했다. 이에 불응하자 연산군은 강녕군 부자와 형제를 유배 보냈다. 이때 영춘군은 남해로 귀양갔다.

영춘군은 중종반정이 일어난 1507년에 풀려나 정국원종공신靖國原從功臣에 녹훈되었다. 중종반정이 일어난 해에 43세로 생을 마쳤으며, 시호는 목성穆成이다. 묘는 영해군 가족 묘역인 서울시 도봉구 도봉동 산 81, 산 82의 무수골 기슭에 있다.

부인은 영의정 유양柳壤의 딸인 광양현부인光陽縣夫人 진주유씨晉州柳氏로 슬하에 4남 2녀를 두었다. 아들은 완천군完川君 이희李禧, 강녕부정江寧副正 이기李祺, 순성부정蓴城副正 이정李禎, 덕녕부정德寧副正 이의李禕이다. 두 딸은 부호군副護軍 윤회충尹懷忠과 좌의정左議政 윤개尹漑에게 각각 시집갔다.

영춘군, 종친을 변호하다

성종 때 조정은 충격에 빠진다. 종친이 고모부를 고발하고, 할아버지는 또 손자를 패륜으로 신고했다. 성종 9년(1478) 4월 29일.

주계부정朱溪副正 이심원李深源이 임금을 뵙기를 청했다. 이심원은 보름 전에 국정쇄신을 청하는 상소에서 세조 때의 훈신을 기용하지 말 것을 주장했다. 그의 핵심 속내는 노승시 임사홍을 겨냥한 것이었다. 이심원은 어전에서 임사홍의 비리를 아뢰며 파직을 청했다.

훗날 주계군으로 추증되는 주계부정 이심원은 효령대군의 증손이다. 효령대군의 3남이 보성군이고, 그의 아들이 훗날 평성군이 되는 평성도정平城都正이다. 그의 장남이 주계부정 이심원이다. 또 보성군의 딸이 임사홍의 아내다. 이심원에게 임사홍은 고모부였다. 보성군은 손자 이심원이 사위 임사홍을 탄핵한 사실을 알고 부랴부랴 궁궐로 달려갔다. 임금에게 손자 교육을 잘못시킨 죄를 청했다.

"신의 손자 심원이 전일 여러 번 광패狂悖한 말을 해 임금님의 눈과 귀를 흐리게 했습니다. 신이 심원의 아비와 더불어 놀람을 이기지 못하여 엄하게 꾸짖었습니다. 그러나 심원이 마음을 바로잡지 않고 또 고모부 임사홍을 헐뜯었습니다. 자손을 가르치지 못한 신을 벌하소서."

이에 대해 왕은 이심원의 말은 공적公的이라면 사적私的으로 판단하지 말라고 했다. 이후 임사홍과 조정 중신들의 소명 등이 계속됐다. 관리들이 구금되었다가 석방되기도 했다.

왕은 "군주 노릇 하기 힘들다. 사헌부와 사간원 관리인 대간臺諫을 눈과 귀처럼 여겼는데 현실이 안타깝다. 정사政事를 돌보는 게 참으로 어렵다"고 한탄했다.

성종은 9년 5월 8일 임사홍을 의주로 귀양 보냈다. 사위가 유배되자 보성군은 손자에게 크게 분노했다. 아들 평성도정을 시켜 불효죄로 고발하게 했다. 평성도정은 아들의 불효不孝를 주장하며 적자嫡子의 폐지를 청하는 단자單子를 종부시宗簿寺에 보냈다. 이로 인해 이심원도 유배를 면치 못했다.

성종은 공익 고발자인 이심원을 다시 기용하고 싶었다. 그러나 조정에는 이심원이 비판한 훈구세력이 여전히 강성했다. 성종은 16년

(1485) 2월 7일 종친과 만조백관을 어전으로 불렀다. 왕은 평성도정이 6년 전에 종부시에 보낸 단자를 보여주며 이심원이 조부에게 불효했다는 죄에 대해 논의하게 했다. 왕은 승지들에게 속내를 밝혔다.

"이심원의 말을 듣고서야 임사홍의 간사함과 기만 행위를 알았다. 이심원이 조부에게 과오를 저지르게 된 것은 진실로 상례常例와는 다른 것이다. 이심원은 불효 사실이 없으므로 당초 죄줄 생각이 없었다. 다만 영의정의 주정에 따라 도성을 떠나 지방에 머물게 했다. 지금 조정에서는 이심원을 영구히 인륜의 죄인으로 만들려고 한다. 내 마음도 통탄스러운데 이심원의 마음이야 어떻겠는가."

종친과 대신들의 논의에서 영춘군이 의견을 밝혔다.
"이심원이 전일에 임사홍을 탄핵했습니다. 이심원은 사위를 보호하려는 할아버지의 뜻을 따르지 않았습니다. 이로 인해 공손하지 못하다는 죄를 얻었습니다. 그러나 그의 정상情狀은 불효한 사람과 같은 것이 아닙니다."

영춘군에게 보성군은 5촌 아저씨였고, 주계부정 이심원은 7촌 조카였다. 영춘군은 나라의 안정을 위해 아저씨의 의견이 아닌 조카의 발언에 무게를 심어주었다. 주계부정 이심원의 무죄를 임금에게 아뢴 것이다. 이 발언은 종친 월산대군, 옥산군, 팔계군이 같이 의논한 내용이었다. 영춘군은 또 강양군, 팔계군, 남천군, 연성군, 신종군, 봉성군, 부림군과 의논 후 아뢰었다.

"당초 이심원을 죄 줄 때의 명분이 일로 인한 것이었습니다. 불효가 죄명이 아니었습니다. 만일 불효로 논죄하면, 위험을 무릅쓰고 나라에 보답하는 사람이 있지 않게 될 듯합니다."

또 영춘군의 사촌인 운산군(밀성군의 아들)도 "이심원을 불효로 논할 수 없습니다. 보성군이 불효로 고告한 것은 사위 임사홍이 처벌되었기에 화가 나선 한 행동입니다"라며 역시 무죄를 재청하였다.

합리적인 사고에 왕실과 나라를 지극히 생각한 영춘군은 종친의 영재로 소문난 이심원의 바른 정국관에 공감하고 있었던 것이다. 효령대군은 인성과 능력이 여러 자손 중에서 이심원을 으뜸으로 평가했다. 이에 세종으로부터 받은 어필과 세종이 이름한 정자 희우정을 이심원에게 특별히 상속한 바 있다. 종친과시강경사宗親科試講經史에서 장원급제한 이심원은 1504년(연산군10) 갑자사화에 연루되어 두 아들과 함께 죽임을 당하였다.

영춘군, 문소전 제향 헌관

　영춘군은 효도에 온 정성을 다했다. 부모를 일찍 여윈 그의 효도는 제사로 나타났다. 유교에서 효도는 산사람도 죽은 사람을 똑같이 정성을 다하는 데 있다. 조선에서 제사가 중요시된 이유다. 영춘군은 집안 제사와 나라 제사에서 지극한 효의 마음으로 임했다. 하지만 제사 지내는 사람의 마음은 조금씩 차이가 났다. 예법을 중시하는 사람에게는 눈에 거슬리는 모습도 보이는 게 제사다. 영춘군은 제사에 정성이 조금이라도 소홀하면 용납하지 못했다. 정성의 부족은 예법과 추모의 정신에 어긋나기 때문이다.

　영춘군은 성종 23년(1492) 4월 6일 문소전文昭殿 제향의 헌관獻官으로 봉무했다. 헌관은 신위神位에게 술과 선물을 올리는 제관이다. 조선에서는 임진왜란 전까지는 왕가의 제향을 세 곳에서 모셨다. 왕실 사당인 종묘宗廟와 왕과 왕비의 위패와 초상화를 모신 문소전,

왕과 왕비가 잠든 왕릉에서 봉행했다. 문소전은 종묘와는 별도로 운영됐다. 문소전에는 건국주 태조와 왕으로 추존된 목조, 익조, 도조, 환조 등 다섯 임금 부부 신위가 영구히 모셔져 있다. 또 현 군주의 선왕 부부를 제사 모신다. 문소전 제향은 임진왜란으로 건물이 소실될 때까지 계속됐다.

이날 제향을 모신 영춘군이 임금을 찾아뵈었다. 제향에 임하는 제관의 정성 부족과 예법에 미치지 못한 아쉬움을 아뢰었다.
"문소전 대제大祭에 신위神位를 전전前殿으로 이어移御할 때는 대왕의 신주를 먼저 모셔야 합니다. 왕후의 신주는 대왕을 따르는 게 예법입니다. 오늘 대제에서는 왕후의 신주를 모두 먼저 받들어 옮겼습니다. 예종대왕 신주는 진찬進饌에 이른 뒤에 모셔졌습니다. 또 제2실인 익조대왕의 대축大祝은 홀笏에다 축문祝文을 써서 읽었습니다. 신의 마음이 편안치 아니하여 감히 아룁니다."

임금이 답했다.
"제사祭祀는 정성으로 공경을 다해야 한다. 익종실과 예종실의 대축大祝과 장사관掌祀官을 금부禁府에 내려 국문鞫問하도록 하라."
영춘군의 효도 의지는 문소전 제향을 더욱 경건하게 모시는 계기가 되었다.

영춘군의 안식

영춘군의 묘역은 조선 전기의 다양한 석물이 잘 보존되어 있다. 묘는 현부인 진주유씨와 쌍분으로 좌향은 동남향이다. 상계의 봉분에는 오각형의 호석護石을 둘렀고, 두 봉분 사이에는 묘표가 있다.

묘표는 61×21×41㎝의 관석과 48×15×88㎝ 크기 비신이 한 돌로 이루어졌다. 비신의 글은 마모가 심하여 판독이 어렵다. 하계에는 석상, 동자석인, 장명등, 망주석, 신도비가 배치돼 있다. 중종 4년(1509)에 세운 이수 방부형으로 규모가 크고 화려하다.

비문은 영의정 남곤南袞이 짓고, 글씨는 명필가 김희수金希壽가 썼다. 전서篆書로 쓴 비갈碑碣의 제액題額은 목성공 신도비명穆成公神道碑銘다.

비제는 유명 조선국 숭헌대부 영춘군 신도비명 병서有明朝鮮國崇憲大夫永春君神道碑銘幷書다.

앞면 끝에 '정덕 4년 9월 일 립正德四年九月日立'이라고 제작 연대가 밝혀져 있다.

신도비 높이는 273㎝로 개석 86.5×30.5×54.5㎝, 대석 111×72×61㎝ 규모다.

비문에는 부모를 일찍 여의고, 연산군의 핍박으로 아들과 함께 유배된 왕족의 인생역정이 기록돼 있다. 또 도봉과 노원 지명이 보인다. 신도비에 소개된 도봉과 노원은 현존하는 이 지역의 가장 오래된 기록이다.

영춘군 만사 永春君 挽詞

영춘군이 사귄 인물 중 한 명이 신용개申用漑(1463~ 1519년)다. 영의정 신숙주의 손자인 그는 스물한 살에 문과에 급제했다. 곧은 성격인 그는 간언諫言을 마다하지 않았다. 개혁을 주장한 김종직의 문인인 신용개는 사림파가 희생당한 무오사화戊午史禍 때 투옥되었다.

연산군의 어머니 윤씨가 폐위되어 사약을 받은 일과 복위復位 문제를 둘러싸고 일어난 갑자사화甲子士禍 때는 전라도 영광으로 유배되었다.

그의 삶은 중종반정 후 탄탄대로를 걷는다. 기품이 높고 총명한 그는 선비들의 중심이 되었고, 승진을 거듭해 벼슬이 좌의정에 이르렀다.

영춘군도 연산군 치하에서 유배되는 수모를 당하다 중종반정 후

평온한 세상을 맞았다. 영춘군의 아들 강녕도정江寧都正 이기李祺에게는 멋진 정원이 가꾸어진 집이 있었다. 이 집을 연산군이 총애하는 궁녀가 탐을 냈으나 강녕도정은 응하지 않았다. 이 일로 연산군이 분노했고, 영춘군 부자는 관직을 환수당하고 경상도 남해의 섬으로 귀양 갔다. 영춘군은 거친 세상의 풍파에도 온후한 인품으로 주위의 칭송을 받았다. 영춘군의 아들인 강녕도정 시장諡狀에는 '세종의 성스러운 덕을 받은 영해군이 왕자 중에서도 현명했고, 그 덕을 영춘군이 물려받았다'고 기록돼 있다.

  삶의 가치관과 인품, 운명의 길이 비슷한 영춘군과 신용개는 이심전심의 마음이 있었다. 하지만 영춘군은 수명이 길지 않았다. 43세로 세상과 이별하자 두 살 많은 막역지우 신용개는 크게 슬퍼한다. 그는 왕손이 가는 마지막 길을 한 편의 시로 애도했다.
  그의 문집 이요정집二樂亭集에 왕손을 전송하는 글이 실려 있다.

영춘군 만사〔永春君 挽詞〕

王孫敦厚質	왕손의 자질은 친절 정중했고
心地絶驕奢	마음엔 교만도 사치도 없었네
早得芝蘭秀	일찍이 빼어난 아들을 두었고
將期壽福遐	넉넉한 수명을 모두가 바랐네

中屯身遠謫　　중년의 환란에 남해로 유배돼
終泰病來加　　마음의 아픔에 병이 깊어졌네
聽化還堪慟　　변화의 이치에 슬퍼서 우노니
黃粱日未斜　　옛글에 나오는 인생 무상일세

〈풀이 : 이상주 세종대왕신문 발행인〉

영해군의 차남 길안도정의 삶

　길안도정吉安都正은 영해군의 둘째 아들로 휘는 의義다. 성종 2년(1471 추정)에 태어나 중종 15년(1520) 4월 3일에 숨졌다. 처음에 창선대부彰善大夫 길안정吉安正으로 봉작되었다. 사후 손자 원천군原川君 이휘李徽의 공로로 3세가 추증될 때 명선대부明善大夫 길안도정吉安都正으로 증직되었다.

　그의 묘비에는 '증 명선대부 길안도정 행창선대부 길안정贈 明善大夫 吉安都正 行 彰善大夫 吉安正'으로 새겨져 있다. 백사 이항복이 쓴 '종실 중의대부 원천군 겸 오위도총부 부총관 묘갈명宗室中義大夫原川君五衛都摠府副摠管李公墓碣銘'에는 다음 내용이 보인다.

　"세종대왕께서 하늘의 살핌을 받으시어 많은 왕자를 얻으셨다. 왕자 중에 당瑭을 휘로 쓴 분이 영해군寧海君에 봉해졌다. 그 후 3세三世 동안 복을 길러 철인哲人이 태어났는데, 원천군이다. 그는 마침내 집안의 기반을 창성하게 하였다. 영해군의 아들 의義는 길안도정에 추증되었다. 길안도정의 아들 말숙末叔은 은계군銀溪君에 추증되었다. 모두가 원천군이 귀하게 된 덕분이다."

종친宗親에게 주는 창선대부는 정삼품 당하관 문관의 품계이고, 명선대부는 정3품 당상관 관계官階다. 길안도정은 왕족 중에서 글솜씨가 빼어났다. 그는 종실로서 문명文名이 높은 성종 왕자 계성군桂城君, 광평대군 증손 곤명군昆明君 등과 망형회忘形會를 만들어 글을 쓰고, 글을 짓고, 노래와 술로써 즐겼다. 이에 당대의 문사들이 이 모임 참여를 희망했고, 많은 이들이 부러워하였다. 길안도정은 자연스럽게 많은 문인과 교유하며 시와 문장을 지으며 고아한 삶을 살았다.

길안도정의 첫 배위는 여산송씨礪山宋氏인 부사府使 송자강宋自剛의 딸이다. 그녀가 23세에 숨지자 다시 맞은 부인은 청주한씨淸州韓氏 상당부원군上黨府院君 한명회韓明澮의 딸이다.

길안도정은 송씨부인과의 사이에서 시산군詩山君 이정숙李正叔과 한림翰林 신준미申遵美에게 시집간 딸 한 명을 두었다. 한씨부인과의 사이에서는 청화수淸化守 이창숙李昌叔 송계수松溪守 이중숙李仲叔 은계수銀溪守 이말숙李末叔 벽계수碧溪守 이종숙李終叔 옥계수玉溪守 이필숙李畢叔 등 여섯 아들을 두었다. 또 측실에서 낳은 세 딸이 있다.

길안도정의 묘는 서울특별시 도봉구 도봉동 산 81번지 일원의 영해군파 묘역에 위치하고 있다.

미스터리 길안도정 생년월일

 길안도정의 생몰生沒은 언제일까. 영해군 족보에는 '세조신묘생世祖辛卯生, 중종경진 4월 3일 졸中宗庚辰 四月三日 卒'로 표기돼 있다. 세조 신묘년에 태어나 중종 경진년에 숨졌다는 내용이다. 그런데 세조 시대에는 신묘년이 존재하지 않는다. 비슷한 시기의 신묘년은 성종 2년인 1471년이다. 세조는 성종의 오기일 가능성이 있다. 길안도정의 형 영춘군은 세조 을유년인 1465년에 태어났다. 출생 연도가 성종 신묘년일 경우 형과 동생은 6년 차이가 난다.

 그런데 영해군 족보에 의하면 길안도정의 첫 배위配位 여산송씨는 세조 무인생이다. 무인년戊寅年은 세조 4년인 1458년이다. 또 계배繼配 청주한씨는 세조 을유생이다. 1465년생이다. 이 경우 길안도정은 첫 부인보다 13년 연하, 둘째 부인보다 6년 연하가 된다. 10대에 혼인하던 당시 상황으로는 모순된 나이 차이가 발생한다. 길안도정이나 부인들의 나이에 의문이 드는 대목이다. 길안도정은 족보에 출생년이 세조 신묘로 표기돼 있다. 이를 고려하면 길안도정은 형과 함께 세조 시대에 태어나는 게 자연스럽다. 필사나 인쇄 과정에서 연도가 잘못됐을 가능성을 점칠 수 있다.

또는 부인들의 생년 오기 가능성도 있다. 특히 첫 부인 여산송씨의 출생연도는 오류 가능성이 높다. 길안도정의 나이는 형 영춘군을 뛰어넘을 수 없다. 길안도정이 영춘군 2년 후에 태어난 것으로 가정하면 부부의 나이 차이는 10년 내외에 이른다.

또 부인들의 품계는 현부인縣夫人으로 표기돼 있다. 현부인은 정 2품이나 종 2품인 종친의 처에게 내린다. 정삼품 종친의 처가 받는 품계는 신부인愼夫人이다. 길안도정은 정삼품이다. 이는 족보 필사 때 종종 발생하는 오류 탓으로 풀이할 수 있다.

다만 길안도정의 졸년은 후손의 증언과도 일치한다. 길안도정이 타개한 해는 족보에 의하면 중종 경진년으로 1520년이다. 향년 50세로 세상을 등졌음을 알 수 있다. 길안도정의 아들인 은계수銀溪守 이말숙李末叔(1507~1577년)의 묘갈명에는 그가 어렸을 때 아버지와 사별했음이 기록돼 있다. 어린 나이는 10세 전후로 생각할 수 있다. 길안도정이 세상과 이별한 1520년은 은계군 이말숙이 14세였다.

걸출한 왕손이 생년을 숨긴 이유

왕족의 삶은 왜 상세히 기록되지 않았을까. 왕의 4대손까지는 나라의 특별관리 대상이다. 이른바 왕족이다. 특별관리 대상인 왕족에 대한 정보는 나라에서 많이 갖고 있었다. 효를 권장한 사회인 만큼 왕족부터 조상에 대한 자료를 살뜰하게 챙겼다. 그런데 왕족에 대한 각종 문헌의 기록은 넉넉하지 않다. 특히 태어난 해와 날짜는 불분명한 사례가 적지 않다. 족보에 출생일이 실렸어도 생시生時는 문헌 기록은 물론이고 구전되는 사례도 없다. 이는 후손이 미약한 경우나 번성한 경우나 마찬가지다. 반면 숨진 해와 날짜는 대체적으로 명확하게 기록되어 있다.

16년 동안 왕세자로 있던 태종왕자 양녕대군도, 전주이씨 최고 명문가의 파시조가 된 세종왕자 밀성군도 생일 생시가 각종 문헌에 누락 돼 있다. 이는 당시 출생연월일과 생시를 기록에서 의도적으로 뺀 것으로 이해할 수 있다. 똑똑한 왕자는 시기와 질투의 대상이 되기 쉽다. 의지와 관계없이 역모에 몰릴 수 있다. 성종의 왕자 영산군, 중종의 왕자 봉성군 등 알지도 못하는 사이에 반역의 괴수로 몰려 생명을 잃은 왕자가 적지 않다. 이를 염려한 세종은 문종과 세조에게 "왕이 죽으면 신하들은 왕자들을 이간시키는데 몰두한다. 내가 아니었으면 양녕대군을 지켜주지 못했을 것"이라며 우애를 당부했다.

왕자의 출생일과 생시는 자칫 역모에 휘말릴 것을 우려한 후손이 기록하지 않거나 삭제한 것이다. 몇 세대가 흐른 뒤 구전과 기억에 의지해 생년월일을 족보에 올리면서 오류가 종종 발생했다. 영해군의 둘째 아들 길안도정의 생년월일도 불명확하다. 족보에 실린 내용에 고개가 갸우뚱거려진다. 이는 길안도정이 능력이 뛰어났을 가능성과 함께 장남 시산군 이정숙이 정변의 희생양이 된 것과 연관성을 엿쳐 볼 수 있나.

지식이 깊고 지혜와 덕이 컸던 시산군은 조광조와 도학으로 의리를 맺어 친히 사귀었다. 관계에 진출하여 유교를 정치와 민생, 백성들의 삶 속에 뿌리내리는 일에 앞장섰으나 기묘사화己卯士禍 때 삭탈관직 되었고, 신사무옥辛巳誣獄 때 죽임을 당했다. 중종 14년(1519)에 일어난 기묘사화는 남곤南袞, 심정沈貞 등 수구파가 이상 정치를 주장하던 조광조趙光祖 김정金淨 등을 제거한 사건이다.

7장. 자랑스러운 세종의 손자

신사무옥은 중종 16년(1521)에 발생했다. 시산군 이정숙은 권전 등과 함께 기묘사화로 득세한 남곤 등이 사림士林을 해치고 왕의 총명을 흐리게 하는 데 격분하여 분위기를 바꿀 대책을 숙의했다. 그러나 밀고자로 인해 오히려 처형당했다.

시산군 이정숙은 선조 때인 1593년 억울함과 원통함이 풀리는 신설伸雪의 은혜를 입고, 벼슬과 문민文愍 시호諡號를 받았다.
길안도정의 생년월일은 이 같은 소용돌이 속에 당시에는 기록되지 않았거나 의도적으로 삭제한 것으로 볼 수 있다. 길안도정의 생년월일도 많은 왕족과 비슷하게 세대가 흘러서 문제 가능성이 없을 때 족보에 게재하면서 불완전한 기억으로 인해 오류가 생긴 것으로 유추할 수 있다.

길안도정과 개혁가 아들의 삶

 곧으면 구부러지는가. 길안도정의 장남인 시산군 이정숙이 그랬다. 시산군은 조광조, 조광좌, 김식 등과 교우하며 조선 유교의 신진사류新進士類로 부각됐다. 송나라 유교 창시자 이천伊川 정이程頤를 자처하면서 그와 주희朱熹가 황제에게 쓴 글을 중종대왕에게 올렸다. 이를 나라 다스림의 길잡이로 삼을 것을 청한 것이다. 시산군은 도교 분위기인 소격서를 혁파하고, 관제 개혁도 수장했다. 사림들은 그를 한漢나라 왕실 유학자인 유향劉向에 견주었다.

 그의 개혁 주장에 기득권의 시각은 부정적이었다. 중종 12년 10월 7일 기사에 그들의 시각이 담겨 있다.
 "이정숙 등은 선비들 사이에서 명예를 얻으려 하였다. 조광조, 김식의 무리가 혹 그들과 사귀어 이정숙을 떠받들었다. 이정숙의 이름이 사림士林에서 중시되었다."

길안도정은 아들이 자랑스러우면서도 걱정하지 않을 수 없었다. 정치는 바른 게 이기는 것만은 아니었다. 의로움만으로 되는 게 아님을 잘 알았다. 혹여 아들이 다칠까. 집안이 큰 화를 입지 않을까 우려하는 마음이 있었다. 시산군의 적극적 행동을 우려하는 사람은 아버지만이 아니었다. 길안도정에게 같은 마을에 사는 윤첨정이 찾아왔다. 그는 성이 윤씨이고, 직함이 첨정僉正이었다. 성정이 방탕하고, 자유로운 영혼으로 아무에게도 구속받지를 않았다.

술을 즐겨 마셨고, 주위 사람의 비위를 긁고, 어깃장을 놓으며 소란을 피웠다. 사람들은 윤첨정의 말을 농담으로 여겼다. 또 실정에 맞지 않는 실없는 사람의 허튼소리로 애써 치부하며 나무라지 않았다. 그런데 그의 농담은 생각에서 나왔고, 해학과 풍자가 섞여 있었다. 그는 이 같은 처세로 격변하는 정치 현실에서 재앙을 피한 사람이다. 조선 전기에 좌의정에 오른 김안로가 쓴 용천담적기에 윤첨정이 길안도정에게 한 말이 소개돼 있다.

"윤첨정은 왕족인 길안도정과 같은 마을 사람으로 친분이 있었다. 길안도정의 아들 이정숙은 당시 세력가들과 아주 친밀하였다. 당시의 세력가들이 그를 유향劉向처럼 높이 평가했다. 윤첨정이 길안도정의 목을 가리키며 말했다. '슬프다, 그대의 목이여. 그대에게 그런 아들이 있으니 공의 목이 어찌 보전될 것인가.' 그런데 얼마 후 당시 세력가들이 패망하고, 이정숙은 안처겸安處謙 등과 반역을 꾀했다 해서 주살되었다."

김안로는 권력욕이 강한 인물이다. 그는 기묘사화 때 유배되었으나 아들 김희가 중종의 딸인 효혜공주와 혼인하면서 특별히 풀려났다. 그러나 권력을 차지하기 위해 정적들과 계속 갈등을 빚었다. 그에게 젊은 사류의 리더인 시산군은 긍정적으로 보일 수는 없었다. 그렇기에 김안로가 쓴 글이 길안도정에게 우호적이 아닐 수 있다. 그럼에도 불구하고 윤첨정이 길안도정에게 한 말은 긍정과 부정을 떠나 당시 세상 사람들의 걱정을 말해주는 대목으로 볼 수 있다. 결국 중종 16년 10월에 송사련과 정상이 안처겸 등을 역적모의로 고변했고, 시산군은 이에 연루돼 죽임을 당했다. 당시 장가든 지 채 100일이 되지 않은 열다섯 살인 아들 이위도 교형絞刑에 처해졌다.

시산군은 선조 26년(1593)에 관작을 돌려받고, 영조 22년에 정의대부(종2품)로 증직贈職되고, 정조 17년에 시호를 받았다. 길안도정은 아들과 손자를 잃기 한 해 전에 자연으로 돌아갔다. 그 비극을 보지 않은 게 다행이시만 아버시는 정의실천과 이에 따른 가문의 위험을 생각하며 마지막까지도 마음을 놓지 못했다.

길안도정 전송 시

 길안도정은 1520년에 이승을 떠나 양주 도봉산 남록 무수동에 묻힌다. 지금의 서울시 도봉구 도봉동 산 81~82번지 일원으로 아버지 영해군과 형 영춘군이 잠든 묘역 경내다. 그의 마지막 길인 상여 뒤에는 죽은 이를 슬퍼하여 지은 만사挽詞가 줄을 이었다. 만사를 쓴 사람 중 한 명이 충암冲庵 김정金淨이다.

 그는 길안도정의 장남 시산군과 뜻을 같이하는 동료였고, 운명공동체였다. 두 사람은 기묘사화에서는 큰 화는 면했으나 신사무옥에서는 죽음을 피하지 못했다. 시산군이 죽임을 당한 1년 후에 김정도 사사賜死되었다. 김정의 문집인 충암선생집에 길안도정을 추모하는 만사가 실려 있다.

勝日芳郊獵馬嘶　좋은 날 말 타고 사냥하던 그 모습
王孫風態孰能齊　왕손의 위풍당당 그 누가 따를소냐

眼前玉樹怜渠秀　눈앞의 준수한 자손 울먹임 애잔한데
身後銘旌任許題　길 떠나는 귀인의 명정 쓸 시간일세

漆炬頻迎幽櫟道　횃불들고 즐겨 찾던 갈참나무 숲길도
靑苔蕪絶貴遊蹊　귀인 놀던 개천도 푸른 이끼 끼누나
人間何處堪怊悵　그 누구도 피할 수 없는 이별의 순간
萬古同歸一掬泥　한 줌 흙으로 돌아가는 게 인생이련가

〈풀이 : 이상주 세종대왕신문 발행인〉

8장
세종왕자 영해군파

왕족 중에서 빛나는 혼맥

영해군은 임천군부인林川郡夫人 평산신씨平山申氏와 혼인했다. 처부妻父는 한성판윤 신윤동申允童이고 처모妻母는 성산이씨星山李氏. 처의 조부는 병조판서 신자경申自敬, 처의 증조부는 개국공신인 도총제都摠制 신효창申孝昌이다.

이 집안은 왕실과 중첩혼을 한 대표적인 명망가다. 신윤동의 누이가 양녕대군 장남 순성군의 배필이고, 그의 고종사촌 제안부부인濟安府夫人 전주최씨全州崔氏는 세종의 4남 임영대군과 결혼했다. 신윤동의 숙부 신자수의 딸은 세종의 5남 광평대군의 처다. 신자수는 신효창의 아들이다. 신효창을 중심으로 보면 손녀 2명이 양녕대군의 며느리와 세종의 며느리가 되었다. 또 다른 손녀와 증손녀가 각각 세종의 왕자와 결혼했다. 이 집안 여성 4명이 세종과 양녕대군 아들과 거듭 아름다운 인연을 맺은 것이다.

영해군은 평산신씨와의 사이에 2남 1녀를 두었다. 장남이 영춘군 이인永春君 李仁, 차남이 길안도정 이의吉安都正 李義다. 딸은 밀양인 박승약과 결혼했다. 영춘군은 완천군 이희完川君 李禧 강녕군 이기江寧君 李祺 순성부정 이정蓴城副正 李禎 덕녕부정 이위德寧副正 李褘 등 4남과 2녀를 두었다. 품계는 승헌대부이고, 시호는 화목을 뜻하는 목성穆成이다.

길안도정은 시산군 이정숙詩山君 李正叔 청화수 이창숙清化守 李昌叔 송계군 이중숙松溪君 李仲叔 은계군 이말숙銀溪君 李末叔 벽계도정 이종숙碧溪都正 李終叔 옥계군 이필숙玉溪君 李畢叔 등 6남을 두었다.

지파로는 영춘군파와 길안도정파로 나뉘고 분파로는 9개파가 있다. 이들 후손이 세종왕자 영해군파를 형성하고 있다. 집성촌은 전북 남원, 충북 충주, 충북 제천, 전남 나주, 강원 원주 등이다. 영해군파의 문관직으로 총 107명 중 정3품 이상이 29명, 무관직은 68명 중 정3품 이상이 21명, 효행 32명, 정려 부인 4명, 3·1만세운동 희생 11명이다.

묘소는 서울 도봉산 도봉동 무수골에 있고, 전북 남원시 사매면 대신리 소덕사昭德祠에는 영해군 신주를 모셨다. 종원은 약 3만 명이다.

영해군 후손들의 영광과 치열한 삶

영해군 후손에게는 충과 효의 정신이 면면히 흐른다. 영해군의 손자인 시산군詩山君 이정숙李正叔은 조광조의 정치 개혁에 뜻을 같이 했다. 송나라 때 정자程子 주자朱子가 왕에게 올린 글을 간행하여 중종대왕에게 봉사하였다. 또 장성수 등과 연명 상소해 억울하게 수감된 박상, 김정을 석방 시켰다. 문란한 여악女樂을 고쳐 주도록 극간도 했다. 그러나 정적인 남곤 심정배 등의 모함으로 기묘사화와 신사무옥辛巳誣獄 사건에 휘말려 희생됐다. 강녕군도 종형인 시산군, 세조의 손자인 숭선군嵩善君 이총李灇과 함께 조광조의 도학 정치를 비판하는 간당 퇴치를 연명 상소했다. 강녕군은 기묘사화 때 삭직되고, 금고禁錮로 생을 마쳤다.

개혁정치를 꿈꾼 전통은 후손들에게 실사구시 정신으로 이어졌다. 시산군의 손자인 이경여李景輿는 조광조의 후학인 이대병과 도학에 전념하였다. 5대손인 이도李燾는 부사 이구징의 추천으로 임금에게 '여지승람'을 수찬하여 올렸다. 또 선조의 행적이 실린 용성지龍城誌 3권을 남겼다. 영해군 후손은 학문에도 깊었다. 생원 진사 시험에 63명이 입격했고, 그중에 26명이 대과에 급제했다. 무과에도 6명이 합격했다. 8대손 이정린李廷麟, 9대손 이언경李彦經, 10대손 이춘제李春濟, 11대손 이창유李昌儒는 4대가 내리 등과했다.

또 이창유李昌儒 이창급李昌伋 이창임李昌任 3형제가 문과 급제를 했다. 11대손 이창의李昌誼와 이창수李昌壽는 형제 합격의 영광을 안았다. 이창수李昌壽와 이병정李秉鼎은 부자 등과를 했다. 영해군 11대손 문헌공文獻公 이창수는 알성문과 갑과에 장원급제하고 육조판서를 24회 순환 역임하였다. 입조 40여 년 동안 문무를 섭렵하는 50여 직책을 수행했다. 13대손 이조묵李祖默은 시서화 삼절三絶로 이름났다.

효행으로 귀감이 된 후손도 32명에 이른다. 9대손 이언강李彦綱은 손가락을 베어 아버지에게 수혈해 시호 정효貞孝를 받았다. 이언강은 증강문과 을과 1등으로 과거급제 후 예조판서, 형조판서를 역임하고 한성판윤을 11회(543회, 549대, 553대, 556대, 562대, 598대, 600대, 607대, 614대, 625대, 632대) 지냈다. 그는 숙종 8년에 통신사(부사)로 일본에 다녀왔다. 손자는 좌의정 이창의李昌誼, 이조판서 이창수李昌壽, 증손자 이조판서 이병정李秉鼎이다. 학덕이 뛰어난 4대손 이

덕일李德一은 과거시험 없이 사헌부 장령掌令으로 발탁돼 예조판서까지 이르렀다.

영해군 12대손 빙허각이씨憑虛閣李氏는 이조판서 이창수의 딸로 조선시대 최고의 여성 실학자. 조선의 실학자 31명 중 유일한 여성인 그녀는 우리나라 역사상 최초인 우리말 한글로 된 백과사전 규합총서를 저술하였다. 열행烈行으로 정려旌閭를 받은 인물은 시산군 5대손 부인 합천이씨, 영해군 9대손 부인 안동권씨, 11대손 부인 파평윤씨, 시산군 12대손 부인 성산이씨 등이 있다. 시산군 15대손 이석기李奭器 이형기李炯器 이용기李龍器 이성기李成器, 16대손 이명수李明壽 이광수李光壽 이범수李範壽 등이 1919년 3월 1일을 기점으로 일어난 항일독립운동에 나섰다.

역사서에 기록된 충노忠奴 금동金同

강녕군江寧君 이기李祺는 영해군의 손자다. 강녕군은 아담하면서도 아름다운 집에 살고 있었다. 정원에는 꽃밭이 잘 가꿔져 있었다. 그의 멋진 집을 연산군을 섬기는 기녀가 탐냈다. 이때 충노忠奴 금동金同이 목숨을 버리면서까지 강녕군을 지킨 내용이 중종 25년(1530)에 간행된 신증동국여지승람 한성부 충의편에 소개돼 있다.

"기녀는 강녕군의 집을 빼앗은 뒤, 모함까지 했다. 강녕군이 종을 시켜서 자신을 욕한다고 연산군에게 호소한 것이다. 분노한 연산군은 강녕군과 종 금동을 가두고 불로 지지며 심문했다. 동同은 말했다.
'죄는 종에게 있지, 주인은 모른다.'
강녕군은 이로써 석방됐으나 끝내는 형벌을 받았다. 중종 3년(1508)에 정문을 지어 표창했다."

금동은 당시 심문을 받다 숨졌다. 금동은 영해군과 후손이 묻힌 무수골에 암장했다. 또 강녕군 부자와 여러 형제는 남해섬으로 유배됐다. 강녕군은 중종반정 후 유배가 풀리고 관작이 회복됐다. 또 정국원종공신靖國原從功臣으로 책훈 됐고, 그의 사연은 삼강행실록三綱行實錄에 표기됐다. 연산군을 몰아낸 중종은 사회의 건전한 기풍 진작을 위해 살신성인을 주저하지 않은 충신, 효자, 열녀를 찾아서 포상했다. 이때 금동의 미담이 알려졌고, 감동한 왕은 문려門閭 세우고, 정려기를 새긴 깃발을 높이 달도록 했다. 암장했던 금동의 무덤에 봉분을 만들고, 비석을 세웠다. 또 집의 요역徭役을 면제해 주었다.

청지기는 원래 성과 제대로 된 이름이 없었다. 조정의 현지 조사 때 강녕군 집안에서는 청지기인 종을 '황금과도 같은 사람'이라고 말했다. 이에 그는 금동金同이 되었다. 금동의 묘는 서울시 도봉구 도봉동의 영해군파 묘역에 있다. 이곳에는 영해군, 영해군 장인인 증 좌찬성 신윤동, 임천군부인 평산신씨, 강녕군 묘가 함께 있다. 너비 37㎝, 두께 13㎝, 높이 64㎝의 묘비에는 '고故 충노忠奴 금동金同'이라고 새겨져 있다.

신도비에 쓰인
500년 전 서울 노원과 도봉

　영해군과 후손이 묻힌 묘역은 서울시 도봉구 도봉동 산 81번지와 산 82번지 일원이다. 분묘 10기와 석물 43기가 존재하는 묘역의 규모는 1,630㎡(493평)이다. 조선 전기부터 중반까지 조성된 묘역은 당대 묘제 및 석물의 제작 양상을 파악할 수 있는 중요한 문화유산이다. 특히 1509년에 건립된 영해군 장남인 영춘군永春君 인仁의 신도비에는 '도봉道峯'과 '노원蘆原' 등 현재 지명이 기록돼 사료석 가치가 매우 높다.

　왕친 묘역의 현황을 파악할 수 있는 영해군 묘역은 서울시 유형문화재 제106호다. 묘역은 동쪽과 서쪽으로 나뉜다. 서쪽 능선에는 영해군 장남인 영춘군 인의 묘와 신도비, 부원정富原正 이顥와 유인孺人 전주유씨全州柳氏의 묘가 있다. 동쪽 능선 상단에는 영해군이 잠들어 있다. 그 아래에 증 좌찬성贈左贊成 신윤동, 영해군의 배위 임천군부인 평산신씨, 영춘군의 아들 강녕군 기, 충노忠奴 금동金同 묘가 있다.

특히 영해군 묘의 지석誌石에서는 왕자의 인품을 읽을 수 있다. 지석은 무덤 주인공의 인적사항을 기록해 부장한 판석이다. 영해군의 지석은 1936년 3월 12일 발굴 후 상석 밑에 다시 묻었다. 이때 판독된 지문에 영해군의 성품이 다음처럼 기록돼 있다.

"어려서부터 도량이 크고, 성품이 너그러우셨다. 성장하면서 스승에게 공부를 익혔다. 이때 빛나고 화려함에 대해 기뻐하지 않으셨다. 정통 7년(1442) 정월에 군호를 받으셨다. 겸손하고, 공손하고, 신중하고, 매사에 빈틈이 없으셨다.

진귀한 놀이, 가무, 여색 등 생산에 도움 되지 않는 일은 하지 않으셨다. 조정의 돌봄 은총으로 편히 지내셨다. 평소 풍질을 앓으셨다. 성화 13년(1477) 4월에 풍질이 악화되고, 5월에 신미 자택에서 돌아가셨다. 성종은 3일간 조정 일을 거두시고, 부의를 내리셨다. 8월 2일 양주 남촌 수철동에 장례 모셨다. 성화 13년(성종8) 정유 7월 일지."

세종 후손 6명 배향한 남원 매계서원

　전북 남원시 사매면 세동길 13-7(관풍리7 94-6)에는 조선 왕손 6명이 모셔진 매계서원梅溪書院이 있다. 배향 인물은 모두 8명으로 문민공文愍公 이정숙李正淑, 문헌공文憲公 이총李叢, 문경공文景公 이기 李祺, 한촌寒村 이주李柱, 쌍백당雙栢堂 최원崔遠, 용산龍山 이도李燾, 정재靜齋 김유경金裕慶, 낙재樂齋 이여재李如梓다. 이중 시산군詩山君 이정숙, 강녕군江寧君 이기, 숭선군嵩善君 이총은 봉삭이 되는 소선의 왕족이다. 이들은 모두 세종대왕의 증손자다.

　시산군 이정숙은 세종의 17남 영해군의 손자로 길안도정의 장남이다. 강녕군도 영해군의 손자로 영춘군의 2남이다. 시산군과 강녕군은 사촌 사이로 종형제다. 숭선군은 세조의 3남인 덕원군의 2남이다. 따라서 이들은 모두 세종대왕의 증손이다. 또 호성군은 세조의 현손으로 세종의 5대손이다. 용산 이도는 시산군의 5대손으로

〈매계서원에 배향된 세종대왕 후손〉

	아들	손자	증손	현손	5대손	8/9대손
세종대왕	2남 세조	3남 덕원군	1남 연성군			
			2남 숭선군			
			10남 청부군	4남 임천군	2남 호성군	
	17남 영해군	1남 영춘군	2남 강녕군			
		2남 길안도정	1남 시산군			이도 (시산군 5대손) 이여재 (시산군 6대손)

세종의 8대손이고, 낙재 이여재는 이도의 조카다. 매개서원 배향 인물 8명 중에 6명이 세종의 후손이고, 4명이 영해군의 혈육이다. 나머지 2명은 남원 지역의 현인이다.

서원 배향은 충성과 효도, 의로움, 덕행, 학문, 공적 등이 인정된 경우로 한정된다. 서원은 향교와 함께 조선시대 유교 교육과 선현 제사의 기능을 담당했다. 특히 서원은 정치와 인륜의 본이 될 '성현을 본받는다'는 목표가 뚜렷했다.

조선 중기 2백여 년 동안 유림의 마음을 사로잡은 인물 중 한 명이 시산군 이정숙이다. 중종 때 조광조 등과 도학으로 의리를 맺은 그는 백성 속에 뿌리내리는 유교와 민생 개혁정치를 추구했다 그러나 기묘사화己卯士禍(1519년) 때 삭탈관직 되고, 신사무옥辛巳誣獄(1521년)

때 억울한 죽임을 당했다.

이에 많은 선비가 공론을 일으켜 선조 때(1593년) 신원이 되고, 정조 5년(1781년)에 남원 사매 매안에 매계서원을 창건하여 배향하였다. 이때 그의 5대손인 이도가 함께 봉안됐다. 이도는 향사鄕祠 설치, 의례, 학문의 장소 소재를 찾아 봉행, 집필로 이상적인 사회 건설에 매진했다. 이에 후학들이 그의 사후 매안梅岸에 사당을 짓고 향화를 밝혀왔다. 이것이 매계서원의 효시다.

창건 13년 후인 정조 18년(1794년)에 숭선군 등 6명의 현인이 추가로 배향되었다. 그러나 사당 위치가 낮고 습한 문제가 제기돼 순조 때인 1815년에 임실군 오수면 둔기리로 옮겨 세우고 원명院名을 덕계德溪로 바꿨다. 봄과 가을에 향사를 모셨다.

고종 때인 1868년 대원군의 대동훼철령大同毀撤令으로 서원이 훼철됐다. 1925년에 서원 옛 터에 덕계팔현서원유허비德溪八賢書院遺墟碑를 남겼다. 1992년에 남원 유림과 여덟 현인의 후손들이 복설復設을 의결해 남원시 사매면 관풍리 오리정五里亭 뒤 관풍리 794의 6번지에 건축을 시작했다. 마침내 1993년 4월 15일 준공하였고, 1994년에 원명을 복원했다. 서원 훼철 1백25년 만에 복원돼 매개서원으로 환원된 것이다.

공간은 매개서원 현판이 걸린 강당, 사당인 충경사忠景祠, 내삼문, 외삼문으로 구성되어 있다. 울타리 안에는 매계서원유계사적비梅溪書院儒契事績碑, 매계팔현서원묘정비梅溪八賢書院廟庭碑, 덕계팔현서원유허비德溪八賢書院遺墟碑 등이 있다.

향사는 남원향교 유림으로 구성된 매계서원유회와 매개서원봉양회에서 매년 음력 3월 세 번째 토요일에 거행한다. 2007년까지는 음력 3월 25일, 2019년까지 양력 5월 8일 향사를 봉행했으나, 서원에 배향된 원예들의 참여를 고려하여 향사 일을 변경했다.

덕계팔현서원유허비문

　남원의 덕계 지역에 서원을 건립하고 8현의 위패를 안치한 것은 오래된 일이다. 조정의 명령으로 인하여 중간에 철훼撤毁되자 유생들 여러 사람이 의논하여 장차 그 터에 비를 세우기로 하였는데, 이교상李敎祥군이 나에게 그 음기陰記를 기록하여 줄 것을 요청하였다.

　내가 생각하건대 기묘년의 사화 때 중종에 세 분의 빼어난 분이 있어, 조광조趙光祖, 김정金淨 등 여러 어진 이들과 더불어 당적黨籍에 걸렸었으니, 시산군 문민공 이정숙李正叔, 숭선군 문헌공 이총李灇, 강녕군 문경공 이기李祺의 경우가 그들이다. 그들이 올곧고 충성스러우며 절조가 곧은 것은, 지금까지도 백성들이 칭송하고 있는데, 이 때문에 서원에서 제사를 드렸다.

　호성군 이李공 주柱의 경우는 임진왜란 때 적에게 저항하였고, 쌍백당 최崔공 원蓮은 병자호란 때 의병을 일으켰으며, 용산 이李공 도燾는 시산군의 5대손으로 존주대의尊周大義에 밝았고, 정재 김金공 유경裕慶의 경우는 도끼를 들고 상소하면서, 성군을 비방하는 적도賊徒들을 목 벨 것을 청하여 강직하다는 명성이 세상에 널리 알려졌다.

낙재 이李공 여재如梓는 용산龍山의 조카로서 경학이 남방 인사들 중 으뜸이었으므로, 순서에 따라 제사를 드리니 이들이 이른바 8현이다. 옛날에 지방의 명망이 높은 선비鄕先生가 세상을 떠나면, 사社(행정단위)에서 제사 지냈다던 것이 아마도 이를 이르는 것일 것이다.

아! 8현을 8현이라고 하는 까닭은, 충성스럽고 의로우며, 덕행과 공적이 있다는 것이다. 이 같은 것일 뿐인 까닭에 충성스럽고 의로우며 덕행과 공적을 세상에 드러내면 8현들과 같이 배향할 것이고, 이와 반대되면 제사를 받지 못할 것이다. 제사를 받지 못하는 것과 제사를 받는 것으로, 사회의 도덕과 풍조世道의 오르고 내림을 가히 추측할 수 있도다. 제사를 지낸다고 더해질 것도 없고, 제사를 지내지 않는다고 덜릴 것도 없다. 그러나 공자가 말하지 않았던가. 너는 그 양羊을 아끼느냐? 나는 그 예禮를 아낀다고!

지금 제사를 드리던 곳에 모두 잡초만 무성하니, 모든 떳떳한 성품을 지닌 자들이 어찌 분개하여 탄식하며 눈물을 흘리다가, 돌연히 기운이 왕성해지지 않을 수 있겠는가? 마침내 돌에 새기기를 팔현서원지유허八賢書院之遺墟라 하였다.

을축년 3월 통정대부 비서원승 안동 김녕한金甯漢 기록
문민공 12세손 교정敎政 삼가 씀
(역자 이희권)

영해군 항렬자

교敎-기器-수壽-석錫-철澈-주柱-환煥-기基-전銓
교敎-기器-수壽-석錫-우愚-구九-남南-녕寧-성盛

위는 영해군 항렬자行列字 일부다. 일족의 상하 세대 관계를 나타난 게 항렬行列이고, 일가의 항렬을 구분하기 위해 이름자에 넣는 공통적 글자가 항렬자다. 이 항렬의 돌림자를 보기 쉽게 도표화 한 게 항렬표行列表다. 행行은 사거리를 상형象形한 문자인데 점차 움직임 의미로 쓰였다. 행차, 감행 등의 용례에서 알 수 있듯이 '걷는다', '실행한다'의 뜻일 때는 '행'으로 발음한다. 그러나 항렬, 서열, 굳셈 등을 뜻할 때는 '항'으로 읽는다. '列'은 앙상한 뼈와 칼을 조합한 상형 글자다. 원래 뼈와 살을 나누는 의미였는데, 점차 늘어선 줄, 순서의 뜻을 나타냈다.

조선 왕실은 개국과 함께 항렬자를 사용했다. 사대부가의 항렬자는 조선 후기에 일반화됐다. 성리학이 주류가 된 17세기 초반에는 항렬 사용이 8촌으로 확대되고, 18세기 후반에는 동성동본이 대동大同 항렬자를 갖게 된다. 가문의 위계질서 확립, 화합과 번성 의미를 담은 항렬은 전후 1대 순환 배정이 일반적이다.

각 성씨나 종종은 20~30대의 항렬자를 미리 정한다. 영해군 종중은 파시조 부터 30대손까지 항렬을 정해 놨다. 항렬을 정하는 데는 오행상생五行相生 원리 적용이 대부분인 가운데 음양순환법陰陽循環法인 천간법天干法, 지지법地支法 그리고 수교법修交法도 보인다. 종중마다 한 가지를 적용하기도 하고, 두 가지 이상의 방법을 혼용하기도 한다. 오행상생과 천간 또는 지지 요소가 병행되거나 중간에 다른 원리의 방법으로 바꾸는 것이다.

조선의 건국 군수 태조는 왕자의 항렬자를 이름자에서 찾았다. 진안대군 방우芳雨, 영안대군 방과芳果, 익안대군 방의芳毅, 회안대군 방간芳幹, 정안대군 방원芳遠, 무안대군 방번芳蕃, 의안대군 방석芳碩 등 모두 '방'이라는 글자를 항렬도 취했다. 영안대군은 훗날 정종으로 등극 후 휘를 경曔으로 바꾼다.

태종은 왕자의 항렬자를 변으로 정했다. 왕자들의 휘는 양녕대군 제禔, 효령대군 보示+甫, 충녕대군 도祹, 경녕군 비示+非, 함녕군 인

袑, 온녕군 정裎, 혜령군 지祉, 익녕군 치示+多, 근녕군 농禮, 희령군 타示+它, 후령군 간示+干이다. 휘의 변은 모두 보일 시示다. 다만 성녕대군 휘에는 보일 시가 없고, 효령대군 휘의 변은 문헌에 따라 보일 시示와 옷 의衣로 차이가 난다.

세종은 고귀한 존재임을 뜻하는 구슬 옥王 변을 항렬자로 정했다. 문종 향珦, 세조 유瑈, 안평대군 용瑢, 임영대군 구璆, 광평대군 여璵, 금성대군 유瑜, 평원대군 임琳, 영응대군 염琰, 화의군 영瓔, 계양군 증璔, 의창군 공玒, 한남군 어王+於, 밀성군 침琛, 수춘군 현玹, 익현군 연璉, 영풍군 전瑔, 영해군 당瑭, 담양군 거璖의 변은 모두 임금 왕이다.

세종은 구슬 옥 변을 돌림자로 함으로써 하늘이 내린 존재임을 부각하고, 그에 걸맞은 사려 깊은 행동을 바란 것이다. 영해군도 형제들과 마찬가지로 초휘인 장璋과 바뀐 휘인 당瑭의 변王에는 임금의 혈손이라는 지극한 의미가 담겨 있다.

세종 손자의 변은 삼 수氵가 주류다. 세조, 임영대군, 광평대군, 영응대군, 계양군, 의창군, 익현군 아들 휘의 변에 삼 수氵가 적용되고 있다. 그러나 안평대군 아들은 우友, 화의군 소생은 차車, 밀성군 혈육은 언言 변을 사용했다. 영해군의 두 아들은 인仁과 의義를 휘로 써 일관성이 떨어진다. 이는 세종 무렵의 항렬자 사용이 형제에서 사촌으로 확장되는 시기 때문으로 풀이할 수 있다.

영해군 후손은 항렬자 사용으로 세종대왕 혈육으로서의 자긍심을 고양하고, 일가간의 화목을 꾀했다. 항렬자 사용은 상층 신분의 표지標識였다. 항렬자는 왕족에서 상류층으로 점차 퍼졌다. 따라서 항렬자 사용은 상류층을 의미했다. 성과 본관, 항렬자로 신분을 짐작할 수 있는 게 조선 사회였다. 그렇기에 조선 후기에는 양인들도 항렬자를 사용하기에 이른다. 영해군 종종에서는 파시조의 30대손까지 항렬자를 정해 놨다. 항렬자는 한 글자를 쓰기도 하지만 두 글자 병용도 한다. 특히 18대손부터는 두 글자를 같이 쓴다.

영해군 후손의 항렬자는 파시조에서 9대손까지와 10대손蹟 이후로 나눌 수 있다. 9대손까지는 형제 돌림자를 지키는 정도로 항렬자에 엄격하지 않았다. 그러나 10대손부터는 영해군 전 후손이 돌림자로 항렬을 식별하게 했다. 항렬자는 오행상생五行相生과 천간天干의 두 가지 원리가 적용된다. 조선에서 오행 사상에 의한 항렬자 제정은 16세기 중반으로 올라간다. 민정중의 여흥민씨, 김장생의 광산김씨 등 일부 집안에서 채택한 이 방법을 영조 18년(1742) 임술보壬戌譜부터는 대부분의 가문이 받아들인다. 항렬자에서 오행상생법과 음양순환법이 가히 혁명적 변화로 물결친 것이다.

영해군파의 오행 항렬도 이 무렵에 제정된다. 10대손蹟, 11대손

昌, 12대손鼎들이 활동하던 시기와 맞물린다. 영해군의 아들인 영춘군永春君 인仁과 길안도정吉安都正 의義의 변은 공통점이 없다. 반면 영해군 조카들에게는 말씀 언言과 삼수 변氵이 돌림자로 쓰였다.

영해군의 형인 계양군 소생인 영원군 예濊, 강양군 숙潚, 부림군 식湜, 방산수 란灡의 휘에 삼수 변氵이 있다. 영해군의 다른 형인 의창군의 아들인 사산군 호灝와 익현군의 아들인 괴산군 지潪도 삼수 변氵을 쓰고 있다. 또 밀성군 아들인 운산군 계誡, 춘성군 당讜, 수안군 상言+賞, 석양군 격諿에는 모두 말씀 언言이 보인다.

세종의 증손자인 영해군의 손자들도 항렬자에 별다른 원칙은 보이지 않는다. 반면 세종의 또다른 증손자인 밀성군의 손자들은 쇠 금金 변을 돌림자로 썼다. 철성군 갱鏗, 고성군 강鋼, 광성정 전銓 등이다. 또 다른 증손자들은 수레 차車 변도 채택했다. 이는 항렬자가 세종대왕 아들에게만 엄격하게 적용되었음을 말해준다. 즉, 당시 항렬자는 세종의 왕자에 이어 손자, 증손자까지 적용이 확대되는 과도기임을 보여준다.

12대손부터 15대손까지의 항렬자는 정鼎-묵默-교敎-기器다. 이 항렬은 음音오행 상생과 연관 있다. 목생화木生火, 화생토火生土, 토생금土生金, 금생수金生水 원리가 담겨 있다. 정鼎은 금의 기운이고, 묵默은 수의 성질이다. 교敎는 목을 상징하고, 기器는 화의 철학이 담겨 있다. 16대인 수壽는 토, 17대인 석錫은 금의 기운을 각각 뜻한다.

18대 이후에는 오행상생과 천간이 병용되고 있다.

　세종과 신빈김씨 소생의 여섯 왕자의 후손은 세종왕자 육군파대종회를 결성하고 숭조돈종을 실천하고 있다. 세종왕자 육군파대종회는 1921년에 여섯 왕자의 합본 족보인 완산이씨파보完山李氏六派譜를 제작했다.

　이때 각 왕자 후손의 일체감을 더욱 높이기 위해 세종왕자 육군파 항렬을 천간법에 의해 제정했다. 이로써 여섯 왕자파에서는 고유의 항렬자와 함께 육군파 항렬자를 병행 사용하게 되었다. 영해군은 18대손부터 육군파 항렬이 적용되고 있다.

　철澈(18대)-주柱(19대)-환煥(20대)-기基(21대)-전銓(22대)의 수리(획수) 오행으로 풀이할 수 있다.

　철澈은 수의 기운이고, 주柱는 목, 환煥은 화, 기基는 토, 전銓은 금의 철학으로 볼 수 있다.

　18대 이후의 또 다른 항렬자는 우愚(18대)-구九(19대)-남南(20대)-녕寧(21대)-성盛(22대)-기紀(23대)-강康(24대)이다.

　우愚는 천간의 갑甲, 구九는 천간의 을乙, 남南은 천간의 병丙, 녕寧은 천간의 정丁에 해당된다. 모두 천간의 순서에 의해 항렬을 정한 것이다. 천간법은 영해군의 동복형제인 계양군 의창군 밀성군 익현군 영해군 담양군에서도 공통적으로 보인다. 밀성군 3남인 수안군을 계자로 맞은 수춘군파에서는 오행상생의 항렬자를 쓴다.

영해군 항렬은 1대 순환과 앞 이름 반복 사용, 전후 불규칙 순환이 함께 보인다. 순환은 항렬 이름 두 글자의 위치를 보는 것이다. 아버지 항렬자가 앞에 오면, 아들의 그것은 뒤에 위치하고, 손자는 다시 앞에 돌림자는 쓰는 게 일반적이다. 세대마다 바뀌는 게 1대 순환법이다. 전주이씨 등 대부분의 성씨에서는 1대 순환을 채택하고 있다.

그러나 조선 후기에는 1대 순환이 보편적 현상은 아니었다. 현대에도 수원백씨, 옥천조씨, 풍산홍씨 등은 전후 2대 순환, 안동권씨 등은 전후 10대 순환법을 사용한다. 청주한씨, 충주지씨, 연안김씨 풍천노씨 등은 이름 뒷자를 반복 사용한다. 해주오씨, 창원황씨, 한산이씨, 기계유씨, 동복오씨, 경주손씨, 강릉함씨 등은 전후를 순환하지 않고 불규칙적으로 사용한다.

영해군 족보에 규정된 순환법은
○默-敎○-○器-○壽-錫○-愚○-○九-南○-○寧-盛○-○紀-康○-○宰이다.

규정에 의하면 돌림자가 13대默는 뒤에 있고 14대敎는 앞에 있다. 15대器와 16대壽는 다시 뒤에 위치하고, 17대錫와 18대愚는 다시 앞에 오는 등 규칙성이 없다. 그러나 16대 이후로는 앞-뒤-앞-뒤-앞-뒤-앞-뒤로 순환하고 있다. 영해군 항렬은 조선시대 후기까지는 불규칙 순환을, 근세부터는 1대 순환을 원칙으로 삼은 것을 알 수 있다.

〈영해군寧海君파 병용 항렬자〉

*18대 愚○(우)=澈○(철)   *19대 ○九(구)=○柱(주)

*20대 南○(남)=煥○(환)   *21대 ○寧(녕)=○基(기)

*22대 盛○(성)=銓○(전)   *23대 ○紀(기)=○漢(한)

*24대 康○(강)=檍○(억)   *25대 ○宰(재)=○容(용)

세종왕자 육군파	함께 쓰는 항렬자
밀성군	愚=柱, 九=煥, 南=圭, 寧=錫, 盛=淳, 紀=根, 康=炳, 宰=均, 聖=鎔, 揆=泰, 根=東, 烈=熙, 在=載
익현군	愚=秀, 九=顯, 南=時, 寧=善, 盛=泰, 紀=根, 康=榮
영해군	愚=澈, 九=柱, 南=煥, 寧=基, 盛=銓, 紀=漢, 康=檍, 宰=容, 聖=在, 揆=鎭
담양군	九=根,相, 南=煥, 寧=承, 盛=錫, 紀=淵, 康=林, 宰=應, 聖=奎, 揆=鍾, 根=浩, 烈=東

8장. 세종왕자 영해군파

潭陽君 派	寧海君 派	翼峴君 派	密城君 派	義昌君 派	桂陽君 派	派祖에서(代)	太祖에서(世)	始祖에서(世)
洽廷	閶昌	鐸	稷英	裕百	天敬	11	15	36
鎭海	鼎華	淳○	元憲	魯得	誠復	12	16	37
觀守	黙光	東○	○秉	養正	健弘	13	17	38
采鼎	○教	○容	○容	驥碩	和碩	14	18	39
濬熙	器○	周○	○重	○淵	煥○	15	19	40
用昌	壽○	○會	鎬	○東	穆	16	20	41
一鎬	○錫	○泰	洙○	熙	○炳	17	21	42
泳炯	○愚	○愚	○愚	○愚	○愚	18	22	43
九○	九○	九○	九○	九○	九○	19	23	44
○南	○南	○南	○南	○南	○南	20	24	45
寧○	寧○	寧○	寧○	寧○	寧○	21	25	46
○盛	○盛	○盛	○盛	○盛	○盛	22	26	47
紀○	紀○	紀○	紀○	紀○	紀○	23	27	48
○康	○康	○康	○康	○康	○康	24	28	49
宰○	宰○	宰○	宰○	宰○	宰○	25	29	50
○聖	○聖	○聖	○聖	○聖	○聖	26	30	51
揆○	揆○	揆○	揆○	揆○	揆○	27	31	52
○根	○根	○根	○根	○根	○根	28	32	53
○在	○在	○在	○在	○在	○在	30	34	55

영해군파종회

영해군을 비롯한 선조의 제향은 묘하墓下의 소 문중에서 모셔왔다. 제수 비용은 종산에서 생산되는 산림 수입이었다. 그러나 일제 강점기에 종산이 보안림으로 지정돼 수입이 끊겼다. 천수답 3두락과 약간의 밤 생산으로 근근이 향화를 밝혀왔다. 그나마 광복 후에는 율충으로 밤나무가 피해를 입어 수입이 전무했다. 이에 묘하의 소 문중이 선액 부담으로 20여 년 동안 시향을 봉행했다.

1959년 족보 편찬을 계기로 영해군파종회(회장 이석영)를 구성하여 봉향 재원 마련을 위해고 성금을 모았다. 그러나 성금 실적이 미흡해 여전히 묘하 문중에서 보충하여 제사를 모셨다. 1967년에 종산 일부를 매도하여 종중 기금을 마련하고, 1971년에는 남원 사우 봉향 위답 5두락을 매입했다. 1976년에는 선영 7위 개사초와 함께 회계를 투명하게 제도화했다. 이후 꾸준히 개인과 소 문중 단위로

헌금이 이어져 종사를 운영해오고 있다. 1997년에는 영춘군 신도비와 주변 보호구역이 서울시 유형문화재 제106호로 지정되었고, 2009년에는 보호구역이 영해군 묘역 전체로 확대 지정되었다. 이주화 영해군파종회장이 대한제국 회은황세손(이구)을 모신 회인원懷仁園봉향회장으로 활동하는 등 다수의 종친이 종사 활동에 열성을 다하고 있다.

영해군파종회 사무실은 서울시 종로구 창성동 100번지
연락처는 02)723-4707

◆ 영해군파종회 임원

- 고문 : 이광철 이무철 이문철 이금기
- 상임고문 : 이주국
- 자문위원 : 이우일 이경구 이석찬
- 회장 : 이주화
- 부회장 : 이맹수 이호철
- 총무이사 : 이남경
- 감사 : 이석구 이주익
- 이사 : 이석문(도봉) 이석문(남원) 이석현 이명구 이호조 이관수 이영선 이근수 이희철 이교일 이근수 이주원
- 홍보위원 : 이해수 이명수 이석범 이성철 이주식 이형춘 이남승 이우복 이장환 이경석 이주현 이교현

昭德祠고장 남원 詩山君 후예 집성촌 유래

영해군. 차남 길안도정 義의 장남 詩山君 이정숙의 휘는 정숙, 호는 삼사당, 시호는 문민이다.

시산군은 어머니(여신송씨)를 일찍 여의고 외가 정읍 칠보에서 자랐으며, 서울에서 조광조와 도학으로 의리를 맺어 친히 사귀며, 중종반정 이후 조선 유학자의 우두머리가 되어 중종에게 송나라 장이천과 주희의 글을 올리며 굳건한 왕도정치를 위해 힘썼으나, 기묘사화 때 조광조가 억울한 누명으로 탄핵 되자 시산군도 같은 士林이어서 삭탈관직 되었고, 중종 16년 (1521년) 10월 16일 신사무옥(안처겸의 옥사)에 억울한 누명을 쓰고 16일 처형되고, 17일 날 외아들 (위威, 15세)도 그 연좌제로 죽임을 당하였으나, 선조대왕 때 복원되고, 정조대왕 17년 정의대부 시산군 시산부정으로 증직되고 시호가 내려졌다.
(그 이야기가 이석규의 역사소설 '후예1 시산군'으로 2024년 5월 출간되었다.)
자손이 없어 동생 청화수의 차남 용성정 열이 시산군의 양자로 입적하였다. 그의 4남 경여 (후천공)이 할아버님이신 시산군처럼 정사에 휘말려 화를 당할까 봐 새로운 둔거지를 고르던 중에 한응태 외삼촌이 사시는 남원시 사매면 여의터(매안이)로 선조 27년 1594년 29세 때 낙남落南한다.
그 자손들이 집성촌을 이루고 해마다 날마다 번성하는데 이곳 매안이에 (영해군. 할아버지 사당, 昭德祠가 있는 탓일까?) 그 자손 중에 만석꾼 이교항 씨, 제헌의원 이정기 씨, 우리나라 2~6대 상공회의소 회장 이석동(문화연필 사장)이 나와 나라와 宗嗣에 크게 이바지하였으며, 남원 3.1독립만세의거 때는 이 마을에서 11명이 독립운동가를 배출했다.
-소덕사 제공-

세종왕자 영해군의 사당인 소덕사 제향

전주이씨 세종왕자 영해군파 사촌종중

위치: 전라북도 임실군 지사면 영천2길 61-3(사촌마을)

사촌종중의 집성유래

남원 매안이(현 남원시 사매면 상신리)에서 거주하시던 파조(派祖) 영해군의 7대손 첨추공 후 煦(후)의 다섯아드님 가운데 제2자 경남공 如栢(여백)의 두 아드님인 제3자 惟謹(유근), 제4자 惟新(유신)께서 이곳 지사면 사촌마을로 이주하여 집성을 이루었다. 이 마을은 고려 거령현(高麗 居寧縣 서기1070년 경 고려 문종 30년)의 향교터로 형성된 마을로 전해온다.

사촌종중의 대계(大系)

세종대왕-영해군 瑭(당)-길안도정 義(의)-시산군 正叔(정숙)-용성정 悅(열)-후천공 景輿(경여)-배천공 喧(훤)-충의위 東英(동영)-첨추공煦 (후)-경남공 如栢(여백)으로 이어진다. 경남공 如栢(여백)께서 네 아들을 두셨다.

풍천노씨 출 제1자 惟綱(유강) (매안이 화촌)
              제2자 惟時(유시) (출계 신흥종중)

부안김씨 출 제3자 惟謹(유근) (사촌종중/새내산소)
              제4자 惟新(유신) (사촌종중/거창산소)

종대(宗垈) 마련

2011~2014년간에 사촌 출신 종원들이 전국적인 모금으로 종중 재실인 종대를 마련하고 매년 양력 4월 첫 토요일에 이곳 사촌종중 종대(宗垈)에서 시제를 거행하고 있다.

♡〈자료제공〉 종친회장 : 석우 010-3623-6830, 총무 : 석범 010-3680-8330

♡〈집필후원〉 ♤사촌종친회 + ♤석정(세무법인 현인) 02-2054-3250(代)